알수록 돈 버는
부동산 세금 바이블

20년 경력 부동산 전문 세무사의 절세 기술

알수록 돈 버는 부동산 세금 바이블

이승희 지음

현익미디어

일러두기

- '양도소득세 실제 계산 사례'에 제시된 금액은 계산 편의를 위해 단순화한 숫자로 통일했습니다. 또한 사례에 등장하는 '김 씨'는 이해를 돕기 위해 동일한 성명으로 표기했으나, 모두 동일 인물은 아닙니다.
- 본 내용은 2025년 세법개정안을 기준으로 작성되었습니다.
- 양도소득세를 계산할 때는 본인 상황에 해당하는 부분을 확인한 후 적용하시기 바랍니다.

―――― 알 수 록 돈 버 는 부 동 산 세 금 바 이 블 ――――

프롤로그

그동안 개업 세무사로 20년 넘게 세무 현장을 지켜왔으며, 지난 5년간은 부동산 절세 전문 유튜버로서 1,000여 편이 넘는 콘텐츠를 제작해왔습니다. 또한 부동산 업계 종사자들과 수많은 교류를 이어왔고, 안양·평촌 하나법학원에서 부동산 실무세법 전임 강사로도 활동해왔습니다.

늘 현장에서 일과 사람을 만나며 업무를 이어오다가, 2019년 말 코로나19 사태가 발생한 이후에는 현장의 흐름을 놓치지 않기 위해 온라인을 통해 지속적으로 소통하고 협업하는 방식으로 전환하게 되었습니다.

세무사들이 가장 바쁜 시기인 결산 시즌(1월~5월)을 지나, 2020년

5월 유튜브 채널을 개설하였고, 2025년 8월 말 현재 '싹풀TV' 운영도 벌써 만 5년이 넘어가고 있습니다. 현재 정기 구독자 수는 116,000명을 돌파하였으며, 세금 전문 채널로서 실버 버튼을 받은 수준으로 성장하였습니다.

이 책은 그동안의 절세 상담 사례와 유튜브 방송 자료를 바탕으로, 초보자도 바로 실전에 적용할 수 있는 부동산 절세의 핵심만을 골라 10가지 주제별로 양도소득세 절세 방법을 정리한 것입니다.

부동산 투자로 수익을 올리더라도 절세에 실패한다면 그간의 노력이 헛수고가 될 수 있습니다. 이 책은 부동산 투자에 성공하고, 절세를 통해 투자 수익을 극대화할 수 있도록 돕는 실질적인 길잡이가 되고자 합니다. 부동산을 매도할 때 발생하는 양도소득세는 많은 이들에게 큰 부담이 될 수 있습니다. 하지만 다양한 절세 방법을 잘 활용하면 이 부담을 상당히 줄일 수 있습니다. 이 책이 그 실마리를 찾는 데 도움이 되길 바랍니다.

차례

프롤로그	5
들어가며	11
절세와 탈세의 미묘한 차이	20
부동산 세금 개념 정리	23

1강
모르면 손해! 양도소득세 기본 원리

1. 어떤 거래를 '양도'로 볼까?	31
2. 양도에 따른 소득 구분	32
3. 취득시기와 양도시기	34
4. 양도소득세 계산절차 알아보기	36
5. 장기보유특별공제제도 확인하기	38
6. 양도소득세 세율 총정리	40
7. 신고·납부, 놓치면 안 되는 절차	42
8. 절세를 위한 기본 마인드 세우기	43
9. 양도소득세 실제 계산 사례	46
[절세 궁금증, 싹 다 풀어드립니다!]	50

2강
양도자산의 필요경비, 이렇게 판단하라

1. 취득가액, 어디까지 해당될까?	57
2. 자본적 지출과 필요경비	59
3. 양도와 필요경비	60
[절세 궁금증, 싹 다 풀어드립니다!]	64

1주택 비과세, 제대로 활용하는 법

1. 양도소득세 비과세란 무엇인가?   **69**
2. 1세대 1주택 비과세 요건   **69**
3. 절세 효과를 극대화하는 1세대 1주택 전략   **74**
4. 양도소득세 실제 계산 사례   **76**
[절세 궁금증, 싹 다 풀어드립니다!]   **96**

상생임대차계약, 절세로 연결하기

1. 상생임대주택이란 무엇인가?   **105**
2. 상생임대차계약의 법 규정별 주의사항   **106**
3. '상생임대주택에 대한 특례적용신고서' 작성법   **109**
4. 양도소득세 실제 계산 사례   **112**
[절세 궁금증, 싹 다 풀어드립니다!]   **116**

5강

실거주 1주택 양도소득 비과세 절세방법

1. 주택의 종류   **123**
2. 거주주택 양도소득세 비과세 절세방법   **124**
3. '주택임대사업자의 거주주택 1세대 1주택 특례적용신고서' 작성법   **127**
4. 양도소득세 실제 계산 사례   **130**
[절세 궁금증, 싹 다 풀어드립니다!]   **132**

6강
다주택자에게 필요한 절세 노하우

1. 다주택자의 주택수 계산 — 137
2. 2주택 이상 다주택자 중과대상에서 제외되는 주택의 종류 — 139
3. 다주택자의 절세 핵심 방법 — 145
4. 양도소득세 실제 계산 사례 — 150
[절세 궁금증, 싹 다 풀어드립니다!] — 154

7강
기준시가·공시가격, 절세에 이렇게 쓴다

1. 기준시가란 무엇인가? — 159
2. '기준시가 변동일'을 활용한 절세 타이밍 — 160
3. 부가가치세와 상속·증여세 절세 전략 — 161
4. 양도소득세 계산 사례 - 취득가격 환산, 일괄매도가액 안분 — 163
[절세 궁금증, 싹 다 풀어드립니다!] — 168

8강
부담부증여, 최적 절세 타이밍 찾기

1. 부담부증여란 무엇인가? — 173
2. 친족 증여공제 한도 알아두기 — 174
3. 부담부증여 절세가 유리한 경우 — 174
4. 일반증여 vs 부담부증여, 세액 비교 — 178
[절세 궁금증, 싹 다 풀어드립니다!] — 180

겸용주택, 세금 줄이는 실전 가이드

1. 겸용주택이란 무엇인가?	185
2. 2022.1.1. 개정세법 요약	185
3. 고가주택·상가주택 등 절세 포인트	188
4. 겸용주택자들이 활용하는 양도소득세 절세방법은?	195
5. 겸용사업자(상가주택) 양도소득세 실제 계산 사례	198
[절세 궁금증, 싹 다 풀어드립니다!]	204

부동산업 세금, 한 번에 정리하기

1. 부동산 매매업자	209
2. 주택 신축판매업자	211
3. 부동산 임대사업자	213
4. 부동산 임대소득에 대한 세금 계산 특례 총정리	216
5. 부동산의 종류별 부가가치세 과세, 면세 구분 실무 총정리	220
[절세 궁금증, 싹 다 풀어드립니다!]	224

에필로그	226

알 수 록 돈 버 는 부 동 산 세 금 바 이 블

들어가며

납세는 의무이지만, 절세는 납세자의 당연한 권리입니다. 이 책에서는 10가지 주제별로 양도소득세 절세를 위한 주요 방안을 살펴보게 됩니다.

첫째,
모르면 손해! 양도소득세 기본 원리

첫 번째 장에서는 양도소득세 기본 개념을 정리해보겠습니다. 양도소득세에서는 어떤 거래가 '양도'로 간주 되는지, 양도에 따른 소득 구분, 취득 시기와 양도 시기, 양도소득세 계산 절차, 장기보유특별공제 제도, 세율 체계, 양도소득세 신고·납부 방법 등을 종합적으로 이해하는 것이 중요합니다.

둘째,
양도자산의 필요경비, 이렇게 판단하라

양도소득세를 계산할 때 양도가액에서 공제가 가능한 필요경비는 크게 세 가지로 나뉩니다. 먼저, '취득가액'은 매매계약서상 쌍방이 합의한 금액에 더해, 해당 부동산을 취득을 하기 위해 직접 지출한 취득세 등 부대비용까지 포함한 금액입니다. 다음으로, '자본적 지출'은 수익 활동인 임대차 과정 중 발생한 노후가 된 부동산의 대대적인 수선비, 개량공사비 등 자산 가치를 증가시키는 투자성 비용을 말합니다. 마지막으로, '양도비용'은 부동산 양도와 직접적인 인과관계가 인정되는 경우에 필요경비로 공제할 수 있으며, 그 범위나 항목에 특별한 제한은 없습니다.

셋째,
1주택 비과세, 제대로 활용하는 법

거래가 12억 원 이하의 주택을 2년 이상 보유하고 매각하는 경우, 기본적으로 양도소득세가 전액 비과세됩니다. 이는 가장 일반적인 절세방법 중 하나입니다. 만약, 거래금액이 12억 원을 초과하는 고가주택이라 하더라도 1세대 1주택 비과세 요건을 충족하면, 초과분에 대해서만 과세되고 12억 원까지는 양도소득세가 비과세됩니다.

양도소득세 비과세란, 원칙적으로 1세대가 국내에 있는 1주택을 2년 이상 보유하고 양도하는 경우, 양도가액 기준으로 12억 원까지는 양도로 인한 시세 차액이 얼마든지 발생해도 이에 대한 양도세 부담이 없다는 것을 의미합니다. 다만, 취득 당시 조정대상지역이었던 주택은 거주도 최소한 2년은 해야합니다.

이와 함께 장기보유특별공제 제도를 활용하면, 보유기간에 따라 최대 80%까지 양도차익에서 공제를 받을 수 있어 장기 보유자에게 매우 유리한 제도입니다.

넷째,
상생임대차계약, 절세로 연결하기

국내에 주택 한 채를 소유한 1세대가 다음의 요건을 모두 충족하는 주택을 양도하는 경우, 양도소득세 비과세 적용 시 거주기간 요건을 면제받을 수 있습니다.

1. 1세대가 해당 주택을 취득한 후, 해당 주택에 대해 임차인과 체결한 직전임대차계약[1] 대비 임대보증금 또는 임대료의 증가율이 5%를 초과하지 않는 임대차계약[2]을 2021년 12월 20일부터

---
[1] 해당 주택의 취득으로 임대인의 지위가 승계된 경우의 임대차계약은 제외된다.
[2] 상생임대차계약이며, 2026.12.31일 까지 계약이 이루어지고 계약금이 지급되어져야 한다.

2026년 12월 31일 사이에 체결[3]하고 임대를 개시할 것
2. 직전임대차계약에 따라 임대한 기간이 1년 6개월 이상일 것
3. 상생임대차계약에 따라 임대한 기간이 2년 이상일 것

다섯째,
실거주 1주택 양도소득 비과세 절세방법

주택의 종류에 따라 적용할 수 있는 1세대 1주택자의 양도소득세 비과세 절세 전략도 달라집니다. 특히 다세대주택, 다가구주택, 연립주택, 도시형생활주택 등은 각각의 법적 정의와 특성에 따라 비과세 적용 여부와 방식이 달라질 수 있으므로, 정확한 이해가 필요합니다.

다세대주택은 4층 이하의 영구건물로서, 연면적이 660㎡ 이하이며 건축 당시 다세대주택으로 허가받은 주택을 말합니다. 각 세대별로 분리 등기가 가능하고, 매매 단위가 각각 나뉘기 때문에 소유와 거래 측면에서 다가구주택과 차이를 보입니다. 반면, 다가구주택은 단독주택의 일종으로, 건물 전체의 소유권이 한 사람에게 있으며, 여러 가구가 독립적으로 생활할 수 있도록 구획된 구조를 가집니다. 일반적으로 각 구획마다 하나의 주택으로 간주되지만, 가구별로 분양은 불가능합니다.

---

[3] 계약금을 지급받은 사실이 증빙서류에 의해 확인되는 경우로 한정한다.

연립주택은 4층 이하의 공동주택으로, 두 가구 이상이 독립된 생활이 가능하도록 지어진 형태이고, 도시형생활주택은 국민주택규모(전용 85㎡ 이하)의 300세대 미만 주택으로서, 단지형 연립, 단지형 다세대, 원룸형 등으로 나뉘며 건축법상 도시주거 수요에 맞게 설계된 유형입니다.

이러한 주택 유형 중 일반 주택에 해당하는 거주용 주택을 2년 이상 실거주한 경우에는 1세대 1주택 양도소득세 비과세 혜택을 적용받을 수 있습니다. 특히, 구청 등 자치단체에 등록한 민간장기임대주택과 2년 이상 거주한 일반 거주주택을 함께 보유하고 있다면, 일반 거주주택을 먼저 양도할 경우 비과세 혜택을 받을 수 있습니다. 이때 해당 주택은 세대 전원이 2년 이상 거주한 이력이 있어야 하며, 이는 조정대상지역 여부와 관계없이 필수 요건입니다. 또한 과거에는 이와 같은 비과세 특례가 생애 한 차례만 적용되었지만, 현재는 이러한 제한이 폐지되어 조건만 충족된다면 여러 차례 비과세 혜택을 누릴 수 있습니다. 단, 민간임대주택으로 등록한 주택은 사후관리 요건으로 10년 이상 등록 상태를 유지해야 비과세 요건이 충족됩니다.

여섯째,
다주택자에게 필요한 절세 노하우

2주택 이상 다주택자의 절세전략도 주목해야 합니다. 이때 중요한 것은 '1세대 1주택 비과세 판단시 보유 주택수 계산'과 '다주택자 중과대상 주택수 계산'이 서로 다르다는 점입니다. 중과대상자는 국내에 2채 이상의 주택을 소유하고 있는 다주택 세대를 말하며, 1세대 1주택 비과세 적용 대상자가 보유한 주택수 계산방법과 보유주택 중 '다주택자 중과대상 주택수 계산'방법이 세법상 각종 특례규정으로 인하여 차이를 보이고 있습니다.

현재 조정대상지역 주택 양도시 2주택자는 기본세율에 20% 할증, 3주택 이상자는 기본세율에 30% 할증 중과세율이 적용되지만, 2026년 5월 9일까지 적용이 유예되고 있고, 2025년 6월 현재 해당 중과세율 규정의 존폐에 대해서는 판단하기 어려우므로 향후 입법 추이를 유심히 살펴볼 필요가 있습니다.

일곱째,
기준시가·공시가격, 절세에 이렇게 쓴다

기준시가 및 공시가격의 발표 시기와 이를 활용한 안분 방법도 절세 전략에서 중요한 역할을 합니다. 양도소득세 계산 시, 취득 시기가 오래되어 취득가격을 확인할 수 없는 경우에는 기준시가, 공시가격, 또는 개별공시지가의 변동률을 활용해 취득가격을 역산하기도 합니다. 이처럼 기준시가의 추이를 사전에 파악하면 유리한 절세 전략을 미리 수립할 수 있습니다.

또한, 기준시가는 시가 인정액 1순위인 당해 재산에 대한 감정평가가액이 존재하지 않는 경우, 토지·건물 일괄매매 등으로 진행 시, 건물분 및 건물분 부가가치세를 산정하는 기준으로 활용되기도 합니다. 따라서 기준시가는 단순한 참고 수치가 아니라 실무에서 실제로 유용하게 사용되는 세무 지표이며, 이를 정확하게 활용하는 것이 중요합니다.

여덟째,
부담부증여, 최적 절세 타이밍 찾기

양도소득세 과세 대상인 자산을 증여할 때, 수증자가 해당 자산에 설정된 채무를 함께 인수하면 '부담부증여'에 해당합니다. 이 경우 전체 증여재산가액 중 채무액에 해당하는 부분은 유상양도된 것으로 간주되어 양도소득세 과세 대상이 되며, 나머지 부분은 증여세 과세 대상이 됩니다.

즉, 부담부증여는 '양도'와 '증여'가 결합된 거래 구조로, 자산의 일부는 양도로 보아 양도소득세를, 나머지는 증여로 보아 증여세를 각각 계산해야 합니다. 이 방식은 양도소득세의 누진세율 구조상 최고 세율(45%)에 해당하는 고소득자에게 특히 유리할 수 있습니다. 예를 들어, 다주택자이거나 보유기간이 길어 시세차익이 큰 부동산을 가진 경우, 전부를 양도소득세로 계산하는 대신, 일정 부분을 증여세로 돌려 과세

구간을 분산시킬 수 있습니다.

　부담부증여의 핵심은 '비율 설계'에 있습니다. 배우자에게 증여할 경우, 6억 원의 증여공제를 활용하여 증여세 부담을 줄이고, 양도소득세는 채무액에 해당하는 범위에서만 계산하므로, 전체 세부담을 크게 줄일 수 있습니다. 따라서, 부담부증여를 고려할 때는 증여세와 양도소득세의 구간, 공제액, 세율 등을 종합적으로 계산해 최적의 황금비율을 설계하는 것이 절세 전략의 핵심입니다.

아홉째,
겸용주택, 세금 줄이는 실전 가이드

　상가와 주택이 한 건물에 함께 있는 '겸용주택' 또는 한 울타리 내 별개의 건물로 주택과 상가가 존재하는 경우, 1세대 1주택 비과세 규정 적용 시 주의가 필요합니다. 2022년 1월 1일 세법 개정으로, 해당 일자 이후 양도분부터는 주택 부분과 상가(비주택) 부분을 원칙적으로 구분하여 과세하도록 변경되었습니다. 하지만, 예외도 존재합니다. 전체 거래금액이 12억 원 이하이고, 주택의 연면적이 상가보다 큰 경우에는 전체 건물을 주택으로 간주하여 양도차익 전부에 대해 비과세 혜택을 받을 수 있습니다. 반대로 주택의 연면적이 상가보다 작거나 같은 경우에는 주택 부분만 비과세 적용 대상이 되며, 상가 부분은 과세 대상이 됩니다.

> **사례를 통해 보는 절세 TIP**
>
> **전체 거래금액이 12억 원 이하인 경우**
> - 주택의 연면적 > 주택 외 연면적: 전체를 주택으로 간주하여 비과세 적용 가능
> - 주택의 연면적 ≤ 주택 외 연면적: 주택 부분에 대해서만 비과세 적용 가능
>
> 겸용주택이라도 거래 금액이 12억 원 이하이고, 주택의 연면적이 주택 외 연면적보다 큰 경우에는 상가 등을 포함한 전체를 주택으로 봅니다. 따라서 겸용주택을 신축할 때 주택 부분을 조금 더 크게 설계하고, 1세대가 해당 겸용주택 1채를 통으로 양도하면 전부에 대해 비과세를 적용받을 수 있습니다.

열번째,
부동산업 세금, 한 번에 정리하기

마지막 장에서는 부동산을 업으로 삼는 분들을 위한 절세 전략을 소개합니다. 먼저, 부동산업의 종류와 관련 소득의 구분 방법, 그리고 기본세인 소득세의 계산 방식에 대해 정리하였습니다. 이어서, 부동산업 종사자들이 실무에서 가장 먼저 마주하는 세금인 부가가치세의 과세·면세 여부를 쉽고 명확하게 구분할 수 있도록 일목요연하게 설명하였습니다.

절세와 탈세의 미묘한 차이

1. 절세(Tax Saving)란?

세법이 인정하는 범위 내에서 합법적·합리적으로 세금을 줄이는 행위를 말합니다. 부동산 절세에 특별한 비결이 있는 것은 아니며, 세법을 충분히 이해하고 법적인 테두리 안에서 세금을 줄일 수 있는 가장 유리한 방법을 찾는 것이 절세의 지름길입니다.

2. 탈세(Tax Evasion)란?

고의적인 사실 왜곡 등의 비합법적인 방식으로 세금 부담을 줄이려는 불법적인 행위를 말하며, 행정벌 뿐만 아니라 법적 처벌도 가능한 조세 범칙행위입니다.

> **일반적인 탈세(tax-evasion)의 유형**
>
> - 수입금액 누락 (= 매출 누락)
>   - 적극적 누락 (무신고) : 20% 또는 40% 가산세 / 6개월 이내 기한 후 신고 시 가산세 감면
>   - 소극적 누락 (과소신고) : 10% 가산세 / 2년 이내 수정신고 시 가산세 감면 혜택
> - 가공경비 계상
> - 비용의 과대계상
> - 허위계약서 작성
> - 명의위장과 명의분산
> - 공문서 위조 등 불법행위

알아두면 좋은 부동산 보유단계별 세금상식 TIP

1. 취득세

부동산을 구입하면서 부동산 소재지 지자체의 공부에 등재하기 위하여 처음으로 내는 지방세로서 주택은 기본적으로 1~3%, 중과 시 기본세율 4%, 8%, 12%까지도 부과되며, 취득일로부터 60일 이내에 해당 지자체에 신고·납부를 해야 합니다.

2. 보유세

부동산 보유 자체에 대하여 부과하는 세목으로 재산세와 종합부동산세를 말하며, 소득이 발생하지 않아도 과세가 되는 세목이기 때문에 이중과세 논란이 지속적으로 제기되고 있는 분야입니다. 과세 기준일은 매년 6월 1일이며, 해당일 기준으로 부동산 등기부 등 공부에 등재된 자가 납세의무자가 됩니다.

① 재산세 (물세, 재산 자체를 기준으로 과세)
- 지방세로서 개별 재산별로 재산의 과세가격인 과세시가표준액을 기준으로 과세합니다.
- 토지는 매년 9월, 건축물은 매년 7월, 주택은 매년 7월·9월, 선박과 항공기는 매년 7월에 부과됩니다.

② 종합부동산세 (인세, 사람을 기준으로 과세)
- 국세이며 과세표준이 개인별로 구분되어 공시가격 기준으로 합산되어 과세됩니다.

* **납세의무자**
- 주택 : 주택분 재산세의 납세의무자
- 종합합산토지 : 인별로 소유한 전국 종합합산토지(나대지 등)의 공시가격 합계액이 5억 원을 초과하는 개인과 법인으로서 토지분 재산세의 납세의무자
- 별도합산토지 : 인별로 소유한 전국 별도합산토지(주택을 제외한 건축물의 부속토지 등)의 공시가격 합계액이 80억 원을 초과하는 자로서 토지분 재산세의 납세의무자

* **신고 및 납부 방법**
- 합산배제신고는 9.16. ~ 9.30. 정기고지분 납부는 12.1. ~ 12.15.
(다만, 최초의 합산배제 신고를 한 연도의 다음 연도부터는 그 신고한 내용 중 임대주택 등의 소유권 또는 전용면적의 변동이 없는 경우에는 별도의 신고 없이 계속 적용됩니다.)

3. 양도소득세

주로 보유하던 부동산, 부동산상의 권리, 비상장주식 등의 세법에 명시적으로 열거된 재산을 대가를 받고 유상으로 매매하는 경우 그 매매에 대한 시세차익에 대하여 부과하는 국세이며, 양도일이 속하는 달의 말일로부터 2달 이내에 신고·납부를 해야 하고 추가로 10% 지방세도 따라 붙습니다.

4. 증여세

주로 부모님께서 보유중인 경제적 가치가 있는 재산을 생전에 무상으로 자녀 등에게 대가없이 넘겨주는 경우, 재산을 받는 사람인 자녀인 수증자에게 부과하는 국세이며, 증여일이 속하는 달의 말일로부터 3달 이내에 신고·납부를 해야 하며, 이 경우에도 추가로 10%의 지방세는 붙지 않습니다.

5. 상속세

주로 부모님께서 보유하던 경제적 가치가 있는 예적금, 부동산, 자동차 등의 재산이 자녀 등 상속인들에게 유산으로 남겨주게 되는 경우에 재산을 물려받는 사람인 자녀 등 상속인에게 부과하는 국세이며, 상속개시일(사망일)이 속하는 달의 말일로부터 6달 이내에 신고·납부를 해야 하며, 이 경우에도 추가로 10%의 지방세는 붙지 않습니다.

부동산 세금 개념 정리

상생임대주택
임대인이 기존 임차인과 임대료 인상 폭을 5% 이내로 제한하고 2년 이상 재계약을 체결한 주택을 말합니다.

수증자
증여계약의 당사자 중, 증여를 받는 자(재산을 무상으로 받는 자)를 말합니다.

저율과세구간
세금 계산 시 상대적으로 낮은 세율이 적용되는 소득 또는 과세표준의 구간을 말합니다. 쉽게 말해, 적은 소득이나 금액에 대해 낮은 세율이 적용되는 범위입니다.

연면적
각 층의 바닥면적(지하층 포함)을 합한 전체 면적을 말합니다. 단, 지상과 연결되지 않은 지하층의 일부, 구조상 사용할 수 없는 면적, 공용 복도나 계단 등 제외될 수 있는 면적은 제외될 수 있습니다.

직전임대차계약
현재 체결되어 있는 임대차계약의 직전 계약, 즉 이전 세입자와 맺었던 마지막 임대차 계약을 말합니다.

상생임대차계약
임대인이 임차인(세입자)의 주거 안정을 위해 자발적으로 임대료 인상을 자제하고 계약을 갱신하는 임대차계약을 의미합니다.

준공공임대주택
민간임대사업자가 일정 조건을 갖추고 등록한 임대주택 중, 임대의무기간이 8년 이상인 등록임대주택을 말합니다.

장기민간임대주택
민간임대사업자가 10년 이상 임대할 목적으로 등록한 임대주택으로, 세입자의 장기 거주 안정성 확보와 임대시장 안정화를 위한 제도입니다.

안분배당
여러 명에게 일정한 기준에 따라 지분이나 금액을 나누어 배당하는 것을 의미합니다. 즉, 비율에 따라 공정하게 나누는 방식의 배당을 뜻합니다.

분류과세
과세 대상이 되는 소득이나 재산 등을 종류별로 구분하여 각각 다른 방식이나 세율로 과세하는 방식을 말합니다.

분리과세
특정 소득을 다른 소득과 합산하지 않고 별도로 과세하는 방식을 말합니다. 즉, 그 소득만 따로 떼어내어 일정한 세율로 과세하고, 종합소득세 신고 시 합산하지 않는 제도입니다.

장기보유특별공제
부동산 등 자산을 일정 기간 이상 보유했을 때 양도소득세 부담을 줄여주는 세액공제 제도입니다.

매매사례가액
부동산 등 특정 자산의 시가를 산정할 때, 실제로 거래된 유사한 물건의 매매가격을 기준으로 정한 가격을 말합니다.

환산취득가액
부동산을 상속 또는 증여받을 때, 그 부동산의 양도소득세 계산을 위해 상속세 또는 증여세 과세표준을 기준으로 산출한 취득가액을 의미합니다.

미등기 양도자산
매매계약 또는 양도계약이 체결되어 실제 양도가 이루어진 자산 중에서, 소유권 이전 등기가 아직 완료되지 않은 자산을 의미합니다.

산출세액
과세표준에 세율을 곱하여 계산한 세액으로, 최종 납부세액을 결정하기 전 단계의 세금액입니다.

상속주택특례
상속으로 취득한 주택에 대해 일정 요건을 충족하면 양도소득세 등 세금 부담을 경감해주는 제도입니다.

재고자산
기업이 정상적인 영업활동 과정에서 판매를 목적으로 보유하거나, 생산을 위해 사용하려고 가진 자산을 말합니다.

종전주택
새로 취득한 주택을 취득하기 전에 보유하고 있던 기존 주택을 의미합니다.

감면대상 장기임대주택
조세 감면 혜택을 받을 수 있는 장기임대주택을 의미하며, 주로 장기임대사업자로 등록한 임대주택 중 정부가 정한 요건을 충족하여 세금 감면을 받는 주택을 말합니다.

공공지원 민간임대주택
정부가 민간임대사업자와 협력해 공급하는 장기 안정 임대주택으로, 일정 조건을 충족하는 임대주택에 대해 공공기관이 지원하여 저렴하고 안정적인 임대를 제공하는 주택입니다.

채권대위변제
제3자가 채무자의 채무를 대신 변제하고 그 변제한 금액만큼 채무자를 대신해 채권자에 대해 권리를 행사하는 제도입니다.

민간건설 임대주택
민간건설업자가 자금과 기술로 주택을 신축하여 임대사업자 등록 후 임대용으로 공급하는 주택을 말합니다.

부수토지
주된 토지나 건물의 사용·관리·이용에 직접 부속되어 그 기능을 보조하는 토지를 말합니다.

조정대상지역
주택 시장의 과열을 억제하고 부동산 안정화를 위해 정부가 지정하는 특정 지역을 말합니다.

포괄양수도계약
특정 기업 또는 사업자가 보유한 자산, 권리, 채무 등 일체를 포괄적으로 양도·양수하는 계약을 말합니다.

양도자산
세법상 양도소득세 과세 대상이 되는 자산을 말하며, 「소득세법」에서 구체적으로 규정되어 있습니다.

재고납부세액
간이과세자가 일반과세자로 전환될 때, 전환 시점에 보유하고 있는 재고품에 대해 납부해야 하는 부가가치세를 말합니다.

소비대차
금전 또는 대체물을 빌려주고, 나중에 동일한 종류·수량·품질의 물건으로 반환받기로 하는 계약을 말합니다.

명의수탁자
타인의 재산을 자신의 명의로 등기·등록만 해두고, 실제 소유권은 갖지 않은 사람을 말합니다.

매수가액
자산을 구입할 때 실제로 지급한 금액을 말합니다. 즉, 취득 당시 지출한 모든 금액이 매수가액에 포함됩니다.

국민주택채권
국민주택 건설 재원을 마련하기 위해 정부가 발행하는 채권으로, 부동산 등기나 차량 등록 시 의무적으로 일정 금액을 매입해야 하는 채권입니다.

토지개발채권
택지개발 등 토지정책의 재원을 마련하기 위해 정부가 발행하는 채권으로, 과거에 토지거래 시 일정 금액 이상일 경우 의무적으로 매입해야 했던 채권입니다.

과세대상소득
세법에 따라 과세 되는 소득을 말합니다.

1. 어떤 거래를 '양도'로 볼까?
2. 양도에 따른 소득 구분
3. 취득시기와 양도시기
4. 양도소득세 계산절차 알아보기
5. 장기보유특별공제제도 확인하기
6. 양도소득세 세율 총정리
7. 신고·납부, 놓치면 안 되는 절차
8. 절세를 위한 기본 마인드 세우기
9. 양도소득세 실제 계산 사례

[절세 궁금증, 싹 다 풀어드립니다!]

1강

모르면 손해!
양도소득세 기본 원리

1 어떤 거래를 '양도'로 볼까?

양도는 자산에 대한 등기 또는 등록 여부와 관계없이, 소득세법상 열거된 자산을 매도, 교환 하거나 법인에 대한 현물출자 등 그 자산이 유상으로 사실상 이전되는 모든 행위를 의미합니다.

양도로 보는 경우	양도로 보지 않는 경우
· 매매, 교환, 현물출자, · 수용, 공·경매 등 · 대물변제 · 부담부증여 · 물납 · 「도시및주거환경정비법」(이하, 도정법)에 의한 청산금을 교부	· 명의신탁 해지 · 매매원인 무효 · 공유물 분할 · 재산분할청구권에 따른 유상양도 · 환지처분 · 양도담보

• 양도소득세 과세 대상

양도소득세는 과세 대상 자산이 등기 또는 등록 여부와 관계없이, 매도·교환·법인에 대한 현물출자 등으로 사실상 유상[4] 이전되는 경우에 부과됩니다. 과세 대상 자산에는 토지·건물 등 부동산, 입주권·분양권·등기된 임차권 등 부동산에 대한 권리, 그리고 비상장주식 등이 포함됩니다.

---

[4] 예금 등 금전뿐만 아니라, 경제적 가치가 있는 모든 대가를 포함하는 개념입니다. 따라서 부동산 교환은 물론 채무 인수와 같은 방식도 대가를 수반하므로 양도에 해당되며, 법인에 대한 현물출자의 경우에도 주식을 대가로 받게 되므로 양도에 간주되어, 이러한 모두 경우에 양도소득세 신고 및 납부의무가 발생하게 됩니다.

2
양도에 따른 소득 구분

'양도소득'이란 원칙적으로 사업의 일부가 아닌, 비사업자의 지위에서 자산을 이전하는 개인에게 과세 되는 세금입니다. 반면, '사업소득'은 부동산매매업, 주택신축판매업 등 자산이 사업의 일부로서 이전되는 경우, 사업자에게 과세 되는 세금입니다. 그러므로 부동산을 계속적·반복적으로 매수 및 매도하게 되는 경우, 이를 사업행위로 보아 양도소득세가 아닌 부동산매매업에 대한 사업소득세가 과세됩니다.

자산양도에 따른 소득별로 적용되는 세금의 종류와 과세방식을 비교하면 다음 표와 같습니다.

자산 이전으로 발생한 소득에 대한 과세구분

대가성	납세의무자	사업성	세목	비고
유상 이전	양도자	일시적·비반복적 양도	양도 소득세	
	양도자	사업적 양도	사업 소득세	사업적으로 자산양도
무상 이전	수증자 (개인, 비영리법인)	비사업자	증여세	
		개인사업자	사업 소득세	사업과 관련하여 받은 자산수증익은 소득세 과세
	수증자 (영리법인)		법인세	자산수증익으로 익금산입 법인세 과세

- 양도소득세: 양도일이 속하는 달의 말일로부터 2달 안에 양도자가 신고 및 납부
- 증여세: 증여일이 속하는 달의 말일로부터 3달 안에 수증자가 신고 및 납부
- 법인세: 사업 연도 1.1~12.31 사이의 실적을 익년 3월에 법인이 신고 및 납부
- 사업소득세: 사업 연도 1.1~12.31 사이의 실적을 익년 5월에 개인이 종합소득세로 신고 및 납부

사업소득과 양도소득

구분	양도소득	사업소득	
		부동산매매업	주택신축판매업
유형	반복적인 매매 및 신축분양상가 등	반복적인 매매 및 신축분양상가 등	신축분양주택
과세방식	분류과세	종합과세(비교과세)	종합과세
과세소득	제한적 필요경비인정	광범위한 필요경비 인정	
세율	일반세율(6~45%)과 중과세율 적용	일반세율 적용	
신고기한	양도일이 속하는 달의 말일로부터 2개월 이내	예정신고와 확정신고 의무	다음연도 5월 말까지 확정신고 의무
부가가치세	주택에 한해 면세	상가와 국민주택규모 초과하는 주택과세	

- 양도소득과 사업소득의 근본적인 차이점은 그 발생소득이 일회성이냐 계속·반복적 소득이냐에 있다.
- 부동산매매업과 주택신축판매업의 근본적인 차이점은 그 발생 대상이 상가 등 일반부동산인가 주택인가의 차이점에 있으나, 비록 주택일지라도 매입과 매도를 반복적으로 하는 경우에는 부동산매매업으로 분류하도록 되어있다.

3. 취득시기와 양도시기

    자산 거래는 계약 체결부터 중도금 및 잔금 청산, 소유권 이전 등기까지 상당한 시간이 소요되는 절차입니다. 이 과정에서 어느 시점을 양도 또는 취득 시기로 보느냐는 것은 매우 중요한 의미를 가집니다. 왜냐하면 이는 양도소득의 귀속 연도, 양도차익, 장기보유특별공제, 세율적용 등 과세표준 계산의 핵심 기준이 될 뿐만 아니라, 각종 비과세·감면 요건의 판단 시점과 법령 적용의 시기 등에도 직접적인 영향을 미치기 때문입니다.

1) 원칙

① 대금청산일
: 계약서상에 기재된 잔금 지급 약정일과 관계없이, 실제로 대금을 청산한 날

2) 예외사항

① 대금청산일이 불분명한 경우
: 등기·등록접수일 또는 명의 개시일

② 대금청산 전에 소유권이전등기를 한 경우
: 등기접수일

③ 장기할부조건의 경우

: 소유권이전등기 접수일·인도일 또는 사용 수익일 중 가장 **빠른 날**

④ 상속 또는 증여로 취득한 경우

: 그 상속이 개시된 날 또는 증여를 받은 날 (증여등기 접수일)

⑤ 자기가 건설한 건축물인 경우

: 사용승인서 교부일 (다만, 사용검사 전에 사실상 사용하였거나 사용승인을 받은 경우에는, 그 사실상의 사용일 또는 사용승인일을 기준으로 합니다.)

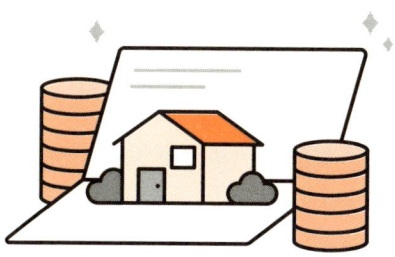

4 양도소득세 계산절차 알아보기

양도가액	부동산 등의 양도당시 실지거래가액

(−)

취득가액	부동산 등의 취득당시 실지거래가액 • 실지거래가액을 확인할 수 없는 경우 매매사례가액, 감정가액, 환산취득가액 적용 가능함

(−)

필요경비	실지거래가액 : 설비비·개량비, 자본적지출액, 양도비 • 취득가액을 매매사례가액, 감정가액, 환산취득가액으로 하는 경우 기준시가의 3% 적용

=

양도차익	양도가액 − 취득가액 − 필요경비

(−)

장기보유특별공제	(토지·건물의 양도차익) × 공제율 | 보유기간 | 3년~ | 15(10)년 | |---|---|---| | 일반적인 경우 | 6% ~ | 30% | | 1세대·1주택(•) | 24% ~ | 80% | (•)조정지역과 상관없이 거주기간이 2년 이상인 경우 한정

=

양도소득금액	양도차익 − 장기보유특별공제

(−)

양도소득기본공제	250만 원 (미등기 양도자산은 적용 배제)

=

양도소득과세표준	양도소득금액 − 양도소득기본공제

×

세율	양도소득세율표 참조

=

산출세액	양도소득과세표준 × 세율

(−)

세액공제	외국납부세액공제
감면세액	조세특례제한법상 감면세액

=

자진납부할세액	산출세액 − (세액공제+감면세액)

자산의 양도차익은 양도가액에서 취득가액 등 필요경비를 공제하여 산정하며, 양도소득세의 계산에 있어서 실지거래가액에 의하는 경우를 원칙으로 하고 있습니다.

1) 자본적 지출액

자본적 지출액이란, 사업자가 소유하는 감가상각자산의 내용연수를 늘리거나 당해 자산의 가치를 실질적으로 증가시키기 위해 사업자가 지출한 수선비용을 의미합니다.

자본적 지출에 대한 증빙

자본적 지출이란, 소유하고 있는 부동산의 내용연수를 늘리거나 당해 자산의 가치를 실질적으로 증가시키기 위해 지출한 수선비로서 다음의 것을 포함하는 것으로 하고 있습니다.

① 본래의 용도를 변경하기 위한 개조
② 엘리베이터 또는 냉·난방 장치의 설치
③ 빌딩 등의 피난시설 등의 설치
④ 재해 등으로 건물, 기계, 설비 등이 멸실 또는 훼손되어 당해 자산의 본래 용도로의 이용가치가 없는 것의 복구
⑤ 기타 개량, 확장, 증설 등 위와 유사한 것
ex) 샷시, 거실 및 방 확장, 보일러 교체, 창호 교체 등
(다만, 자본적 지출에 해당하고 지출 사실이 확인되더라도 아래 법정증빙[5]을 갖추지 못하거나 금융거래 증빙으로 증명하지 못하면 필요경비로 인정하지 않고 있습니다.)

---

5 법정증빙: 세금계산서(계산서), 신용카드 매출전표, 현금영수증

5
장기보유특별공제제도 확인하기

장기보유특별공제는 3년 이상 보유한 토지 및 건물에 한하여 적용되며, 다음과 같이 구분하여 공제율이 적용됩니다. 다만, 대통령이 정하는 1세대 1주택에 해당하지 않는 경우, 공제율은 최대 30%로 제한됩니다. '대통령령이 정하는 1세대 1주택'이란, 양도일 현재 1세대가 국내에 1주택만을 보유한 경우의 그 주택을 말합니다.

1) 비과세 대상 1세대 1주택이란?

양도금액에 상관없이 양도 당시 1세대에 1주택인 경우를 말합니다.

① 일시적 2주택 등 1세대 2주택 비과세 특례에 해당하는 주택 포함

② 비과세 요건을 갖춘 고가주택으로 12억 초과 과세 되는 주택도 포함

- 세법상 비거주자는 80% 장기보유특별공제는 적용되지 않습니다.

장기보유특별공제표

보유기간	일반부동산 - 원칙 (일반공제표(다주택자, 최대 30%))	1세대 주택 - 예외 (특례공제표(1주택자, 최대 80%))
3년 ~	6%	12+12=24%
4년 ~	8%	16+16=32%
5년 ~	10%	20+20=40%
6년 ~	12%	24+24=48%
7년 ~	14%	28+28=56%
8년 ~	16%	32+32=64%
9년 ~	18%	36+36=72%
10년 ~	20%	40+40=80%
11년 ~	22%	40+40=80%
12년 ~	24%	40+40=80%
13년 ~	26%	40+40=80%
14년 ~	28%	40+40=80%
15년 ~	30%	40+40=80%

- 2020.1.1. 이후 1세대 1주택의 경우 전제조건부 2년 거주하여야 80% 공제 가능
- 2021.1.1. 이후 1세대 1주택의 경우 거주(40%)와 보유(40%) 둘로 구분하여 합산함

6
양도소득세 세율 총정리 (2025.8월 현재)

구분	과세표준	세율
2년 이상 보유	1,400만 원 이하	6%
	1,400만 원 초과 ~ 5,000만 원 이하	15%
	5,000만 원 초과 ~ 8,800만 원 이하	24%
	8,800만 원 초과 ~ 1.5억 원 이하	35%
	1.5억 원 초과 ~ 3억 원 이하	38%
	3억 원 초과 ~ 5억 원 이하	40%
	5억 원 초과	42%
	10억 원 초과	45%
	1년 미만 보유	50% (주택 등은 70%)
	2년 미만 보유	40% (주택 등은 60%)
	미등기양도	70%
	2년 이상 보유 분양권 양도	60%
	비사업용 토지	Max (일반세율 + 10%, 단기보유 세율)
	1세대 2주택 (조정대상지역 내)	일반세율 + 20% (적용유예 중)
	1세대 3주택 (조정대상지역 내)	일반세율 + 30% (적용유예 중)

- 거주자의 국외자산

국외에 소재한 자산을 거주자가 양도소득계산을 하는 경우, 단기양도 중과세율은 적용되지 않으며, 일반 양도소득세 기본세율만을 적용합니다.

양도소득세 기본세율 속산표를 활용한 양도소득세 계산 사례

과세표준	세율	누진공제
1,400만 원 이하	6%	-
1,400만 원 초과 ~ 5,000만 원 이하	15%	1,260,000원
5,000만 원 초과 ~ 8,800만 원 이하	24%	5,760,000원
8,800만 원 초과 ~ 1.5억 원 이하	35%	15,440,000원
1.5억 원 초과 ~ 3억 원 이하	38%	19,940,000원
3억 원 초과 ~ 5억 원 이하	40%	25,940,000원
5억 원 초과	42%	35,940,000원
10억 원 초과	45%	65,940,000원

계산 예시

과세표준 6,000만 원인 경우 산출세액은?
산출세액 = (6,000만 원 × 24%) - 5,760,000원 = 8,640,000원

7
신고·납부, 놓치면 안 되는 절차

1) 예정신고납부

자산을 양도한 자는 반드시 양도일이 속하는 달의 말일로부터 2개월 이내에 예정신고를 해야 하며, 양도차익이 없거나 오히려 양도차손이 발생한 경우에도 예외 없이 신고 의무가 있습니다. 다만, 1세대 1주택 등 비과세 대상 자산을 양도한 경우에는 신고 의무는 없지만, 자금출처 소명 등 향후 세무상 입증을 위해 자발적으로 신고하는 것이 바람직합니다. 만약, 기한 내에 예정신고 및 납무를 하지 않는 경우, 무신고가산세(20%)가 부과되며, 관할 세무서에서는 예정신고 과세표준과 세액을 직권으로 결정하여, 가산세를 포함한 금액으로 고지하게 됩니다.

2) 확정신고납부

양도소득세의 납세의무가 있는 자는, 당해 과세기간의 양도소득 과세표준 및 세액을 양도한 연도의 다음 해 5월 31일까지 납세지 관할 세무서장에게 자진 신고 및 납부를 해야 합니다. 이 신고는 최종 확정신고에 해당하며, 추후 경정청구 등 권리구제 절차의 기산점이 됩니다.

8
절세를 위한 기본 마인드 세우기

1) 양도가액에 비과세 가액의 포함 여부를 확인합니다.

양도가액에는 부속물, 수목, 권리금(예: 영업권, 이축권) 등이 포함되는 경우가 있으나, 이러한 항목들은 개별 매매로 분리되는 경우 양도소득세 과세 대상이 아니므로 실제 개별 매매 여부를 검토해보아야 합니다.

2) 취득가액 = 매입가격 + 취득세 등 부대비용 - 감가상각비

이 경우에는 건물 부분의 감가상각비를 임대소득의 경비로 사용할 것인지, 양도소득의 경비로 처리할 것인지 충분한 검토가 필요한 부분입니다.

3) 필요경비 = 자본적지출 + 양도비용 등

① 필요경비로 인정받기 위해 적격증빙과 견적서를 미리미리 챙겨두어야 합니다.
② 적격증빙을 갖추기 어려우면 출금 적요를 기재한 통장 증빙이라도 확보해야 합니다.

4) 장기보유특별공제 1주택 공제(80%)를 활용합니다.

① 장기보유특별공제는 1주택자 양도소득세 절세의 핵심입니다.

② 최대 80% 공제를 받기 위해서는, 최소 보유기간 3년과 거주기간 2년이라는 필수 요건을 반드시 충족해야 합니다. 또한, 주택수 계산에 적용되는 특별한 예외사항을 충분히 활용하여, 양도 시점에는 1주택을 만들어야 합니다.

5) 장기보유특별공제의 최대화를 위해 임대주택에 대한 장기보유특별공제 특례를 알아두시고, 잔금청산 시기의 적정성을 검토해 봅니다.

(단, 두 가지 중복은 불가)

① 준공공임대주택(국민주택 규모): 8년 이상 임대 시 50%, 10년 이상 임대 시 70% 공제 가능

② 장기민간임대주택(고가주택 제외): 6년 이상 임대 시 2%부터 시작하여, 10년까지 최대 10% 공제율을 연차별로 가산 가능

(계산 예시: 6년 → +2%, 7년 → +4%, 8년 → +6%, 9년 → +8%, 10년 → +10%)

6) 양도 전에 양도소득세 세액을 사전에 검토해 봅니다.

개정된 양도소득세 최신 세율표를 참고하며, 속산법 활용하여 간편하게 계산 할 수 있습니다.

(속산법 적용방법: 과세표준 × 구간별 양도소득세 세율 - 구간별 누진공제)

7) 양도소득세는 양도일이 속하는 달의 말일로부터 2개월 내 신고 및 납부를 완료해야 하며, 납부기한의 연기는 특별한 사정이 없는 한 인정되지 않습니다.

① 기한 후 신고 시 20%, 수정 신고 시 10%의 가산세가 각각 부과됩니다.
② 가급적 기한은 철저히 지키고, 미진한 부분이 있는 경우는 '수정 신고'를 통해 보완합니다.

2025년 양도소득세 개정세법 특이사항 ①

부동산 양도금액 연금계좌 납입시 양도소득세 과세특례 규정 신설
(조특법 99의14) (2024.12.31 신설) (2025.1.1. 이후 양도하는 분부터 적용)

1. 다음 각 호의 요건을 모두 충족하는 거주자가 보유기간 등을 고려하여 일정한 부동산을 2027년 12월 31일까지 양도하고, 그 양도일부터 6개월 이내에 양도가액의 전부 또는 일부를 연금계좌에 납입하는 경우에는 연금계좌 납입액의 100분의 10에 상당하는 금액을 해당 부동산의 양도소득 산출세액에서 공제한다.
 - 부동산 양도 당시 기초연금 수급자일 것
 - 부동산 양도 당시 1주택 또는 무주택 세대의 구성원일 것

2. 제1항에 따라 양도소득세를 공제받은 자가 같은 항에 따른 납입액의 전부 또는 일부를 대통령령으로 정하는 바에 따라 해당 연금계좌에서 연금수령 외의 방식으로 인출하는 경우에는 그 공제받은 세액에 상당하는 금액을 양도소득세로 납부하여야 한다.

3. 기타 참고할 사항
 - 적용대상: 10년 이상 보유한 국내 토지·건물
 - 신청 절차: 양도소득세 예정신고 또는 확정신고시 세액공제신고서, 연금계좌 납입확인서 제출
 - 사후관리: 연금계좌 납입일부터 5년내에 연금외 수령[6] 시 공제액 전액 추징
 - 연금계좌 인출순서는 '부동산 연금 납입액'이 먼저 인출되는 것으로 간주

---

[6] 연금외 수령: 가입자가 55세 이후 연금수령하고, 연금계좌 가입일부터 5년 경과된 후 연금수령 한도 내 인출하는 경우 이외의 제반 인출을 의미

9 양도소득세 실제 계산 사례

1) 1세대 1주택자

예시 자료	
전입신고	2014년 4월 1일
취득시기 및 취득가액	2012년 3월 20일 (8억)
양도시기 및 양도가액	2024년 6월 30일 (20억)
예시 상황	김씨는 2012년 3월 20일, 8억 원을 주고 A주택을 구입 했습니다. 그 후, 2년 간 세를 주고, 2014년 4월 1일 부터는 김씨 본인이 거주하였습니다. 10년이 지난 2024년 6월 30일에 시세차익 12억을 남기면서 무려 20억 원에 매도하였습니다. 이때 김씨가 내야 하는 양도소득세는 얼마일까요?
이해 포인트	1세대 1주택자, 즉 김씨가 생계를 같이하는 1세대 내에 주택을 1채만 보유한 경우, 양도세 비과세 요건을 충족하여 매매가로 12억 원(매도가 20억 원 중 12억 원 까지는 비과세 매도가격)까지는 비과세됩니다. 아울러, 김씨가 10년 이상의 보유기간 중, 10년 이상을 본인이 거주했고, 그 이후에 해당 주택을 양도하였는데, 이 경우에는 과세대상 양도차익에서 장기보유특별공제 80%를 공제 받을 수 있습니다.

계산표	
양도가액	2,000,000,000원
(취득가액)	(800,000,000원)
(필요경비)	설비비·개량비 = 120,000,000원 양도비용 = 18,000,000원 자본적 지출 = 60,000,000원 법무사비 = 2,000,000원 소계 = (200,000,000원)
= 양도차익	1,000,000,000원
비과세 양도차익	1,000,000,000원 × (1,200,000,000원/2,000,000,000원) = 600,000,000원
과세대상 양도차익	1,000,000,000원 - 600,000,000원 = **400,000,000원**
(장기보유특별공제)	400,000,000원 × 80% = (320,000,000원) * 보유12년(40%) + 거주10년(40%) = 80%
양도소득금액	80,000,000원 * 400,000,000(과세대상) - 320,000,000(장기보유특별공제)
(양도소득기본공제)	(2,500,000원)
과세표준	77,500,000원
(×) 세율-누진공제	77,500,000원 × 24% - 5,760,000원
산출세액	12,840,000원
지방소득세 (10%)	1,284,000원 * 지방소득세: 과거 주민세의 명칭변경
총 부담할 세액	14,124,000원

2) 1세대 2주택자 (일시적 1세대 2주택 특례가 적용된 사례)

예시 자료	
전입신고	2014년 4월 1일
종전주택(A 주택) 취득가액	2012년 3월 20일 (8억)
신규주택(B 주택) 취득가액	2023년 3월 20일 (24억)
종전주택(A 주택) 양도가액	2024년 6월 30일 (20억)
예시 상황	김씨는 2012년 3월 20일, 종전주택(A 주택)을 8억 원에 취득했습니다. 그 후 11년이 지난 시점인 2023년 3월 20일에 더 넓은 평수의 신규주택(B 주택)을 24억 원에 취득했습니다. 그리고 이듬해 2024년 6월 30일에 종전주택(A 주택)을 12억 원이 오른 20억 원에 매도하였습니다. 이때 김씨가 내야 하는 양도소득세는 얼마일까요?
이해 포인트	양도 시점인 2024년 6월 30일에 비록 2채(종전주택+신규주택)를 보유하였으나, 이사를 가기 위한 사유 등으로 세법에서 인정하는 정당한 사유에 해당합니다. 그래서 종전주택 처분 허용기한인 '3년' 안으로 종전주택(A 주택)을 매도하면 주택수를 1주택으로 보아 양도소득세 비과세를 받을 수 있습니다.

계산표	
양도가액	2,000,000,000원
(취득가액)	(800,000,000원)
(필요경비)	설비비·개량비 = 120,000,000원 양도비용 = 18,000,000원 자본적 지출 = 60,000,000원 법무사비 = 2,000,000원 소계 = (200,000,000원)
= 양도차익	1,000,000,000원
비과세 양도차익	1,000,000,000원 × (1,200,000,000원/2,000,000,000원) = 600,000,000원
과세대상 양도차익	1,000,000,000원 - 600,000,000원 = **400,000,000원**
(장기보유특별공제)	400,000,000원 × 80% = (320,000,000원) * 보유12년(40%) + 거주10년(40%) = 80%
양도소득금액	80,000,000원 • 400,000,000(과세대상) - 320,000,000(장기보유특별공제)
(양도소득기본공제)	(2,500,000원)
과세표준	77,500,000원
(×) 세율-누진공제	77,500,000원 × 24% - 5,760,000원
산출세액	12,840,000원
지방소득세 (10%)	1,284,000원 * 지방소득세: 과거 주민세의 명칭변경
총 부담할 세액	14,124,000원

절세 궁금증, 싹 다 풀어드립니다!

Q1

1세대 1주택 비과세 판단 시 '1세대'의 범위는 어떻게 되나요?

'1세대'란 거주자 및 그 배우자가 동일한 주소 또는 거소에서 실질적인 생계를 같이하는 가족과 함께 구성하는 세대를 말합니다. 가족이란, 거주자와 그 배우자의 직계존비속(배우자의 직계존비속 포함) 및 형제, 자매를 포함합니다. 또한, 취학, 질병으로 인한 요양, 근무상 또는 사업상 형편 등으로 인해 일시적으로 본래의 주소 또는 거소를 떠난 경우에도 같은 세대로 간주될 수 있으니 유의하시기 바랍니다.

Q2

장기보유특별공제를 적용하기 위한 보유기간은 어떻게 계산할까요?

장기보유특별공제의 보유기간은 원칙적으로 취득일로부터 양도일까지로 보고있습니다.

다만, 예외적으로 다음의 경우에는 보유기간 기산일이 달라지게 됩니다.

① 양도소득세 이월과세가 적용되는 경우에는 수증자가 아니라, 증여한 배우자 또는 직계존비속이 해당 자산을 최초로 취득한 날부터 보유기간을 계산합니다.

② 가업상속공제가 적용되는 경우에는 피상속인이 해당 자산을 취득한 날부터 보유기간을 기산합니다.

부부가 주민등록상 세대를 분리하면 별도 세대로 인정될까요?

인정받을 수 없습니다. 부부는 주민등록상 세대를 분리하더라도 동일한 세대로 간주되기 때문입니다.

공부상 2주택을 보유 중인데, 그중 1채가 낡아 창고 등으로 사용되고 있는데 이 경우 보유 주택수에 포함되어 비과세를 받을 수 없을까요?

실제로 주택으로 사용하지 않고 창고 등으로 사용하는 것이 명확한 경우 주택수에 포함이 안되어 비과세를 받을 수 있습니다. 주택이란 허가 여부나 공부상의 용도와 관계없이, 실제로 상시 주거용으로 사용되는 건물을 의미합니다. 용도가 명확하지 않은 경우에는 공부상 용도에 따르며, 양도 시점의 실제 사용 현황을 기준으로 주거용인지 여부를 판단하여, 비과세 적용 가능 여부를 결정하게 됩니다.

공동소유한 주택은 주택수 계산 시 어떻게 반영되나요?

1주택을 여러 명이 공동으로 소유하는 경우, 특별한 규정이 없는 한 각 공동소유자 모두 1주택을 소유한 것으로 간주합니다. 다만, 동일 세대원이 공동으로 소유한 주택의 경우에는 세대별 공유지분을 합산하여 1세대 1주택으로 판단하며, 1세대 1주택 비과세 규정이 적용됩니다.

Q6

배우자가 없는 경우에도 1세대로 인정받을 수 있을까요?

네. 배우자가 없는 세대는 원칙적으로 1세대로 보지 않지만, 아래 요건 중 하나에 해당하는 경우에는 배우자가 없어도 1세대로 인정받을 수 있습니다.

① 해당 거주자의 나이가 30세 이상인 경우

② 배우자가 사망하거나 이혼한 경우

③ 「국민기초생활 보장법」 제2조 제11호에 따른 기준 중위소득의 40% 이상 소득*이 있고, 자신이 소유한 주택 또는 토지를 직접 관리하며 독립 생계를 유지하는 경우

- 미성년자는 원칙적으로 제외되나, 결혼, 가족 사망 등으로 인해 1세대를 따로 구성할 수밖에 없는 경우에는 예외적으로 인정됩니다.

* 소득은 총급여 즉, 연봉을 의미합니다.

개정세법 히스토리

2021.1.1. 이후 양도하는 주택의 보유기간은 원칙적으로 취득일부터 양도일까지로 계산합니다. 다만, 2021년 1월 1일부터 2022년 5월 9일까지 양도한 경우는 종전 규정에 따라, 최종적으로 1주택자가 된 날로부터 보유 및 거주기간을 재기산합니다.

그러나 2022년 5월 31일, 「소득세법시행령」이 개정·공포되면서, 2022년 5월 10일 이후 양도분부터는 주택수와 무관하게, 해당 주택의 실제 보유 및 거주기간을 기준으로 비과세 여부를 판단하도록 다시 개정되었습니다. 이에 따라, 보유기간 재기산 규정(일명 '리셋 규정')은 폐지되었으며, 2022년 5월 10일 이후 양도분부터는 주택을 처음 취득한 날로부터 보유기간 등을 계산하고, 해당 개정규정은 소급하여 적용됩니다.

1. 취득가액, 어디까지 해당될까?
2. 자본적 지출과 필요경비
3. 양도와 필요경비

[절세 궁금증, 싹 다 풀어드립니다!]

2강

양도자산의 필요경비, 이렇게 판단하라

1
취득가액, 어디까지 해당될까?

자산의 양도차익은 양도가액에서 취득가액 등 필요경비를 공제하여 산정합니다.

1) 양도가액과 취득가액

토지 또는 건물, 부동산에 관한 권리의 양도가액 또는 취득가액은 실지거래가액에 의하여 계산하는 것이 원칙입니다.

- 원칙 : 모든 부동산 실지거래가액에 의해 과세
- 예외 : 실지거래가액을 적용할 수 없는 아래의 경우

    ① 계약서 분실 등으로 실제취득가액이 확인이 안되는 경우

    : 매매사례가액 → 감정가액 → 환산가액 → 기준시가

    ② 상속 및 증여에 의하여 취득한 경우

    : 상속재산 및 증여재산 결정가액

2) 실지거래가액으로 계산하는 경우

① **양도가액: 양도자와 양수자간에 실제로 거래한 가액을 원칙**

실제 양도계약서를 분실하였다 하더라도 실거래가신고 의무제도에 따른 신고가액과 등기부등본에 기재된 매매가액 등으로도 확인이 가능합니다.

② 취득가액 : 양도 자산의 취득에 소요된 실지거래가액

취득에 소요된 실지거래가액이란 실제로 지출된 취득원가에 상당하는 가액을 말합니다. 단, 취득시점에 상속세 및 증여세법상 증여 의제대상에 해당하여 증여세를 과세 받은 경우에는 당해 증여재산가액 또는 그 증감액을 취득가액에 가산하거나 차감합니다.

3) 취득가액에 해당된 경우
① 재고납부세액
② 분양권 취득 시 지급한 프리미엄
③ 무허가주택의 취득비용
④ 소비대차에 의해 취득한 경우
⑤ 공동매수인의 지위를 포기하는 대가로 지급한 금액
⑥ 법인이 부동산을 구입하고 지불한 공인중개사 중개수수료

4) 취득가액에 해당 안된 경우
① 매수가액 결정 청구비
② 전 소유자의 국세체납 충당액
③ 명의수탁자에게 과세된 증여세
④ 법적인 지급의무 없이 대신 지급한 비용
⑤ 시유지를 불하받기 전의 하천 점용사용료
⑥ 명의신탁 환원, 해지 관련 취득세, 변호사비
⑦ 일괄 양도자산을 안분 하기 위한 감정평가비용

⑧ 지출된 금원으로 금융 증빙의 입증이 안되는 경우
⑨ 상가 매매한 후 제연설비(소방덕트) 설치비를 지급한 경우
⑩ 근린생활시설을 불법으로 용도 변경하여 주택으로 사용한 경우의 이행강제금

2
자본적 지출과 필요경비

1) 자본적 지출액

'자본적 지출액 등'이란, 사업자가 소유하는 감가상각자산의 내용연수를 늘리거나 당해 자산의 가치를 실질적으로 증가시키기 위해 사업자가 지출한 수선비용을 의미하며, 자본적 지출액 등은 증빙서류의 수취와 보관이 중요합니다. (1강 '자본적 지출에 대한 증빙' 참고)

2) 자본적 지출로서 다음의 5가지 항목은 필요경비로 공제

① 본래의 용도를 변경하기 위한 개조
② 엘리베이터 또는 냉·난방장치의 설치
③ 빌딩 등의 피난시설 등의 설치
④ 재해 등으로 인하여 건물·기계·설비 등이 멸실 또는 훼손되어 당해 자산의 본래 용도로의 이용가치가 없는 것의 복구
⑤ 기타 개량·확장·증설 등 위와 유사한 성질의 것

3
양도와 필요경비

다음 항목들은 양도소득세 계산 시 필요경비로 인정되는 직접비용에 해당하며, 자본적 지출과 마찬가지로 관련 법적 증빙자료를 반드시 구비해야 합니다.

1) 자산의 양도와 관련하여 직접 지출한 다음과 같은 비용
- '증권거래세법'에 따라 납부 한 증권거래세
- 양도소득세 과세표준 신고서 작성비용 및 계약서 작성비용
- 공증비용, 인지세, 중개수수료(소개비)
- 기타 이와 유사한 비용으로서 기획재정부령으로 정하는 비용

2) 자산을 취득하는 과정에서 법령에 따라 매입한 국민주택채권 또는 토지개발채권을 만기 전에 양도하여 발생한 매각차손

3) 양도와 관련된 필요경비 인정사례
① 보상금과 관련하여 직접 발생한 소송비용 등
② 토지 등이 협의매수 또는 수용되는 증액소송 비용 등
 - 토지 등이 협의매수 또는 수용되는 경우, 보상금의 증액과 관련해 직접 발생한 소송비용이나 화해비용 중, 해당 연도의 소득금액 계산 시 이미 필요경비로 산입되지 않은 금액이 있다면, 그 금액

을 증액된 보상금 범위 내에서 필요경비로 산입할 수 있습니다.
③ 부동산과 직접 관련하여 발생한 용도변경비용 등
④ 부동산과 직접 관련하여 발생한 개발부담금
⑤ 부동산과 직접 관련하여 발생한 재건축부담금
⑥ 도로시설비 등 필요경비 인정된 경우

 - 사방사업에 소요된 비용

 - 도로 개설비용

 - 주택 출입을 위하여 축조한 교량의 공사비

 - 자기 토지에 도로를 신설한 경우

 - 타인 토지에 도로를 신설하는 경우

 - 도로 개설 및 공장 부지 조성

 - 도로 신설을 위한 지적측량수수료

 - 우회도로 신설비용

 - 당사자의 진술에 의한 경우

 - 법적 지급의무 있는 도로점용료

 - 부설주차장 설치비

 - 불법 건축 무허가건물 철거비용

⑦ 토지 이용의 편의를 위하여 지출한 장애철거비용
⑧ 토지 이용의 편의를 위하여 해당 토지 또는 해당 토지에 인접한 '타인' 소유의 토지에 도로를 신설한 경우의 그 시설비
⑨ 토지 이용의 편의를 위하여 해당 토지에 도로를 신설하여 국가 또는 지방자치단체에 이를 무상으로 공여한 경우의 그 도로로

된 토지의 취득 당시 가액

⑩ 기타 이에 준하는 비용으로서 다음의 항목은 필요경비로 공제합니다.

- 법률에 따라 시행하는 사업으로 인하여 해당 사업구역 내의 토지소유자가 부담한 수익자부담금 등의 사업비용

4) 양도비 등 필요경비에 해당이 안되는 경우

① 가처분말소비용

② 가압류 채권금액

③ 임차인에게 지급한 이사비용

④ 직접적인 인과관계가 불분명한 컨설팅 비용

  - 상권 조사 등

  - 소개료 외의 컨설팅비용

  - 건축행위 등의 용역비용

  - 금융증빙이 불분명한 경우

⑤ 토지의 하자를 이유로 지급한 비용

⑥ 주식 등 양도의 경우

  - 투자일임업자에게 수수료를 지급한 경우

  - 공모주식의 매출 등에 대한 대가로 수수료를 지급한 경우

  - 개인투자조합원이 성공보수를 지급한 경우

⑦ 텔레마케터의 영업활동에 대한 수당

⑧ 외화차입금 상환시 발생하는 외환차손

⑨ 경매에서 전(前)소유자의 관리비를 부담한 경우

⑩ 지급사실이 불분명한 중개수수료

⑪ 중개사무소를 등록하지 아니한 법인에 지급한 비용

⑫ 행정사에게 보상금 증액을 위한 수용 재결 수수료를 지급한 경우
 - 「공익사업을 위한 토지 등의 취득 및 보상에 관한 법률」에 따른 보상금 증액을 위한 수용 재결 업무를 개인 행정사에게 위임하고 지출한 수수료는, 양도차익 계산 시 필요경비로 인정되지 않습니다.

절세 궁금증, 싹 다 풀어드립니다!

Q1

부동산 취득당시 매매계약서를 분실하여 취득가액을 알 수 없는 경우, 취득가액은 어떻게 산정할까요?

실제 거래가액을 확인할 수 없는 경우에는 취득 당시의 매매사례가액, 감정가액, 환산가액을 이 순서대로 적용하여 취득가액을 추정하여 산정합니다. (매매사례가액, 감정가액, 환산가액에 의해서 산정하는 경우에는 필요경비는 당해 취득가액과 필요경비 개산공제액을 더한 금액으로 계산합니다.)

Q2

상속 또는 증여받은 자산을 양도할 때의 취득가액은 어떻게 산정할까요?

원칙적으로 상속개시일(또는 증여일) 현재 세법상 평가한 가액을 취득 당시의 실거래가액으로 보고 있습니다. 다만, 2020.2.11. 이후 양도분부터는 세무서장 등이 결정·경정한 가액이 있는 경우에는 그 결정·경정한 가액을 취득 당시의 실지거래가액으로 보고 있습니다.

주택의 발코니 확장공사 비용은 필요경비로 인정될까요?

네. 주택의 이용 편의를 위한 샷시 설치, 거실·방 확장, 난방시설 교체 등 주택의 개량을 위한 내부공사비용은 자본적 지출액으로서 필요경비로 인정받을 수 있습니다.

다만, 자본적 지출액을 필요경비로 인정받기 위해서는 정규 증빙서류를 수취 및 보관하거나, 실제 지출 사실이 금융거래증명서류에 의하여 확인되어야 합니다.

- 정규 증빙서류: 신용카드 매출전표, 현금영수증, 세금계산서(계산서) 등
- 금융거래증명서류: 금융거래 증빙(계좌이체 내역 등)

벽지나 장판 교체 비용도 필요경비로 인정받을 수 있을까요?

인정 받을 수 없습니다. 벽지·장판 교체, 싱크대 및 주방기구 교체, 옥상 방수 공사, 변기 및 타일 교체 등은 본래 기능 유지 또는 경미한 수선에 해당하므로 수익적 지출로 분류되어 필요경비로 인정되지 않습니다.

은행 대출이자는 필요경비로 인정될까요?

인정받을 수 없습니다. 자산 취득을 위한 금융기관 차입금에 대한 지급이자는 필요경비로 인정되지 않기 때문입니다.

1. 양도소득세 비과세란 무엇인가?

2. 1세대 1주택 비과세 요건

3. 절세 효과를 극대화하는 1세대 1주택 전략

4. 양도소득세 실제 계산 사례

[절세 궁금증, 싹 다 풀어드립니다!]

3강

1주택 비과세, 제대로 활용하는 법

1
양도소득세 비과세란 무엇인가?

　양도소득세 비과세란, 원칙적으로 1세대가 국내에 1주택만을 2년 이상 보유한 후 양도하는 경우, 양도가액 기준으로 12억 원까지는 양도로 인한 시세 차액이 얼마든지 발생해도 이에 대한 양도세가 부과되지 않는 것을 의미합니다. (단, 주택을 취득할 당시 조정대상지역에 해당했다면, 최소 2년의 거주 요건도 함께 충족해야 합니다.) 또한, 예외적으로 새집을 취득해 가족 전원이 새집으로 이사가기 위해 일시적으로 2주택을 보유하게 된 경우에도, 관련 요건을 충족하면, 마찬가지로 양도소득세는 양도가액 기준으로 12억 원까지는 해당 시세차익이 비과세 됩니다.

2
1세대 1주택 비과세 요건

1) 비과세 1세대 1주택의 개념

　1세대가 양도일 현재 국내에 1주택만을 보유하고 있으며, 해당 주택의 보유기간이 2년 이상인 경우를 말합니다. 단, 취득 당시 조정대상지역에 있던 주택인 경우는 '해당 주택의 보유기간이 2년 이상', 그리고 '그 주택의 보유기간 중 거주기간도 최소한 2년 이상'이어야 양도소득세의 1세대 1주택 비과세가 가능합니다.

2) 주민등록상 거주기간과 등기부상 보유기간

① 거주기간은?

주민등록등본상의 전입일부터 전출일까지를 기준으로 판단하나, 사실관계가 최종 판단기준이 됩니다.

② 보유기간은?

등기부상의 보유기간에 따릅니다. 다만, 이월과세 자산이나 가업상속 자산의 경우에는 보유기간이 통산되므로 이 점에 유의해야 합니다. 한편, 2주택 이상을 보유한 다주택자의 경우에도 최종적으로 1주택이 된 시점을 기준으로 보유기간이 새로 시작되지 않으며, 보유기간은 당초 취득한 날로부터 소급하여 계산됩니다.

③ 거주기간 또는 보유기간이 통산되는 경우

다음의 경우는 거주기간 또는 보유기간이 통산됩니다.
- 소실, 노후 등으로 인해 멸실된 후 재건축한 경우
- 비거주자가 3년 이상 보유한 상태에서, 거주한 상태로 거주자로 전환하는 경우
- 상속받은 주택으로 상속인과 피상속인이 양도일 현재 동일한 세대원인 경우(단기보유세율 적용 판단 시)

3) 거주기간(living)에 제한이 없는 경우

거주자가 조정대상지역으로 지정되기 전, 매매계약을 체결하고 계

약금을 지급한 사실이 증빙 등으로 확인되는 경우, 해당 거주자가 속한 1세대가 계약금 지급일 현재 무(無)[7]주택자라면, 해당 주택은 1세대 1주택 비과세를 적용받기 위한 거주의무가 없습니다.

4) 거주기간 및 보유기간이 제한이 둘 다 없는 경우

다음의 경우에는 양도소득세 비과세를 적용받기 위해 보유기간이나 거주기간의 제한이 없으며, 아래에 제시된 요건을 충족하기만 하면 비과세 혜택을 받을 수 있습니다.

① 민간 건설임대주택, 공공 건설임대주택을 취득하여 양도하는 경우

해당 건설임대주택의 임차일로부터 양도일까지 기간 중 요건을 갖추어 5년 이상 임대한 경우

② 최소한 '1년 이상 거주한 주택'을 취학, 근무상의 형편, 질병의 요양, 그 밖의 부득이한 사유로 양도하는 경우

③ 주택 및 그 부수토지의 전부 또는 일부가 협의 매수 또는 수용되는 경우

단, 사업인정고시일 이전에 취득한 주택 및 부수토지에 한정

④ 해외 이주로 세대 전원이 출국할 경우

---

7 1/3 등 지분 소유시에도 유(有)주택자로 봅니다

출국일 현재 1세대 1주택을 보유하고 있어야 하며, 출국일로부터 2년 이내에 양도하는 조건부입니다. 이 경우에는 일시적 2주택에 대한 비과세 특례는 적용 제외되므로 주의가 필요합니다.

⑤ '최소한 1년 이상 계속된 거주가 필요한 사유'로 인해 세대 전원이 출국하는 경우

사유: 취학 또는 근무상의 형편

하지만, '6개월(해외) + 6개월(국내) + 6개월(해외) + 6개월(국내)'과 같이 거주지가 반복적으로 변경된 경우는 '계속하여 1년 이상' 거주한 것으로 보지 않으므로 안됩니다.

5) 1세대 1주택 또는 일시적 2주택 비과세 적용 시, 같은 날에 2개 이상의 주택을 양도하는 경우

당해 거주자가 선택하는 순서에 따라 주택을 양도한 것으로 볼 수 있습니다.

6) 1세대 1주택 판정 시 '주택수'에서 제외되는 경우

아래의 경우는 1세대 1주택자 주택수 계산에서 제외되는 대표적인 항목들입니다.

① 농어촌 주택
② 미분양주택
③ 지방 미분양주택

④ 신축임대주택

⑤ 장기임대주택

⑥ 상속주택특례에 해당하는 상속주택
 - 1채 상속 시, 상속주택은 상속지분이 가장 큰 자, 거주한 자, 최연장자 순으로 이뤄집니다.

⑦ 재고자산인 주택
 - 부동산 매매업자의 재고자산인 주택
 - 주택 신축판매업자의 재고자산인 주택

⑧ 지역개발특구에 소재하는 고향주택이나 농어촌주택 등

7) 상속·증여·이혼·재건축 등으로 인한 거주기간 및 보유기간 계산 기준

① 동일 세대원인 경우 → 거주기간 및 보유기간 모두 통산함 (이혼 시 재산분할 포함)

② 동일 세대원이 아닌 경우 → 거주기간 및 보유기간 통산하지 않음 (이혼 시 위자료 포함)

③ 재건축한 주택의 공사기간 중 거주 및 보유기간 계산은?
 - 소실, 노후 등으로 인한 재건축 시는 보유기간과 거주기간에서 모두 제외됩니다. 다만, 도정법에 따른 재건축 시의 경우 보유기간은 인정되지만, 거주기간은 제외됩니다.

3
절세 효과를 극대화하는
1세대 1주택 전략

1) 비과세의 기본원칙과 예외사항인 일시적 2주택의 개념을 철저히 이해해야 합니다.

① 비과세 기본 요건: 주택을 2년 이상 보유할 것 (조정대상지역에서 취득한 주택은 거주 요건 2년 이상도 함께 충족해야 합니다.)

② 비과세를 적용받기 위한 양도 조건: 신규주택을 취득한 후 3년 이내에 종전주택을 양도해야 함

③ 일시적 2주택 비과세의 전제 조건: 종전주택 취득 1년 이상 경과한 뒤 신규주택 취득할 것

2) 주택수 산정 시 '주택수로 계산하지 않는 특례사항'을 잘 활용해야 합니다.

① 농어촌 주택

② 미분양주택

③ 지방 미분양주택

④ 신축임대주택

⑤ 장기임대주택

⑥ 상속주택특례에 해당하는 상속주택

　- 1채 상속 시, 상속주택은 상속지분이 가장 큰 자, 거주한 자, 최

연장자 순으로 이뤄집니다.

⑦ 재고자산인 주택

　- 부동산 매매업자의 재고자산인 주택

　- 주택 신축판매업자의 재고자산인 주택

⑧ 지역개발특구에 소재하는 고향주택이나 농어촌주택 등

3) 비과세 2년 보유기간과 2년 거주의무 예외사항을 전략적으로 활용합니다.

① 거주의무가 없는 경우

② 거주의무와 보유기간 둘 다 제한이 없는 경우

4) 합법적으로 인정되는 '부득이한 사유'는 적극적으로 활용해야 합니다.

① 비과세 보유기간 2년에 대한 예외 사유

　: 취학, 근무상 형편, 질병, 학교폭력으로 인한 전학 (4가지)

　→ 사업상 형편은 인정해주지 않고 있습니다.

② 비과세 거주요건인 세대 전원 이사에 대한 예외사유

　: 취학, 근무상 형편, 사업상 형편 (3가지)

　→ 질병이나 학교폭력으로 인한 전학 사유는 인정되지 않습니다.

4. 양도소득세 실제 계산 사례

1) 1세대 2주택자 (농어촌주택)

예시 자료	
전입신고	2014년 4월 1일
취득시기 및 취득가액	2012년 3월 20일 (8억)
양도시기 및 양도가액	2024년 6월 30일 (20억)
예시 상황	농어촌주택을 2020년 5월 1일에 1억 원에 취득한 김씨는 2012년 3월 20일에 A 주택을 8억 원에 구입했었습니다. 그 후, 2년간 세를 주었으며 2014년 4월 1일 부터는 김씨 본인이 줄곧 거주하였습니다. 10년이 지난 2024년 6월 30일에 12억 원의 시세차익을 남기면서 20억 원에 A 주택을 매도하였습니다. 이때 김씨가 내야 하는 양도소득세는 얼마일까요?
이해 포인트	생계를 같이하는 1세대 내에 해당 농어촌주택을 제외한 주택을 1채만 보유한 경우 김씨의 농어촌주택은 비과세 혜택을 받을 수 있는 농어촌주택 요건에 부합합니다. 따라서, 양도세 비과세 요건을 충족하여 매매가로 12억 원(매도가 20억 원 중 12억 원 까지는 비과세 매도가격)까지는 비과세됩니다. 아울러, 김씨가 10년 이상의 보유기간 중, 10년 이상을 본인이 거주했고, 그 이후에 해당 주택을 양도하였는데, 이 경우에는 과세대상 양도차익에서 장기보유특별공제 80%를 공제 받을 수 있습니다. 여기서 '농어촌주택의 요건'이란, 2003년 8월 1일부터 2025년 12월 31일 사이에 취득하고 3년 이상 보유, 공시가 3억 이하의 도시지역 외 읍, 면 소재의 주택을 말합니다.

계산표	
양도가액	2,000,000,000원
(취득가액)	(800,000,000원)
(필요경비)	설비비·개량비 = 120,000,000원　양도비용 = 18,000,000원 자본적 지출 = 60,000,000원　　법무사비 = 2,000,000원 소계 = (200,000,000)원
= 양도차익	1,000,000,000원
비과세 양도차익	1,000,000,000원 × (1,200,000,000원/2,000,000,000원) = 600,000,000원
과세대상 양도차익	1,000,000,000원 - 600,000,000원 = **400,000,000원**
(장기보유특별공제)	400,000,000원 × 80% = (320,000,000원) • 보유12년(40%) + 거주10년(40%) = 80%
양도소득금액	80,000,000원 • 400,000,000(과세대상) - 320,000,000(장기보유특별공제)
(양도소득기본공제)	(2,500,000원)
과세표준	77,500,000원
(×) 세율-누진공제	77,500,000원 × 24% - 5,760,000원
산출세액	12,840,000원
지방소득세 (10%)	1,284,000원　　　• 지방소득세: 과거 주민세의 명칭변경
총 부담할 세액	14,124,000원

2) 1세대 2주택자 (신축임대주택)

예시 자료	
전입신고	2014년 4월 1일
취득시기 및 취득가액	2012년 3월 20일 (8억)
양도시기 및 양도가액	2024년 6월 30일 (20억)
예시 상황	신축임대주택을 보유하고 있는 김씨는 2012년 3월 20일에 A주택을 8억 원에 구입했습니다. 그 후, 2년간 세를 줬고 2014년 4월 1일부터는 김씨 본인이 줄곧 거주하였습니다. 2024년 6월 30일, 10년이 지난 시점에 시세차익 12억 원을 남기면서 20억 원에 A주택을 매도하였습니다. 이때 김씨가 내야 하는 양도소득세는 얼마일까요?
이해 포인트	생계를 같이하는 1세대 내에 해당 신축임대주택을 제외한 주택을 1채만 보유한 경우 김씨의 신축임대주택은 비과세 혜택을 받을 수 있는 신축임대주택 요건에 부합합니다. 따라서, 양도세 비과세 요건을 충족하여 매매가로 12억 원(매도가 20억 원 중 12억 원 까지는 비과세 매도가격)까지는 비과세됩니다. 아울러, 김씨가 10년 이상의 보유기간 중, 10년 이상을 본인이 거주했고, 그 이후에 해당 주택을 양도하였는데, 이 경우에는 과세대상 양도차익에서 장기보유특별공제 80%를 공제 받을 수 있습니다. '신축임대주택'의 요건은, 1999년 8월 20일 이후의 신축주택이거나, 1999년 8월 19일 이전의 신축공동주택으로써 1999년 8월 20일에서 2001년 12월 31일 사이에 계약하고 1999년 8월 이후에 취득 및 임대를 개시한 미분양 신축공동주택을 말합니다.

계산표	
양도가액	2,000,000,000원
(취득가액)	(800,000,000원)
(필요경비)	설비비·개량비 = 120,000,000원　양도비용 = 18,000,000원 자본적 지출 = 60,000,000원　　법무사비 = 2,000,000원 소계 = (200,000,000)원
= 양도차익	1,000,000,000원
비과세 양도차익	1,000,000,000원 × (1,200,000,000원/2,000,000,000원) = 600,000,000원
과세대상 양도차익	1,000,000,000원 - 600,000,000원 = **400,000,000원**
(장기보유특별공제)	400,000,000원 × 80% = (320,000,000원) ＊ 보유12년(40%) + 거주10년(40%) = 80%
양도소득금액	80,000,000원 ＊400,000,000(과세대상) - 320,000,000(장기보유특별공제)
(양도소득기본공제)	(2,500,000원)
과세표준	77,500,000원
(×) 세율-누진공제	77,500,000원 × 24% - 5,760,000원
산출세액	12,840,000원
지방소득세 (10%)	1,284,000원　　　　＊지방소득세: 과거 주민세의 명칭변경
총 부담할 세액	14,124,000원

3) 1세대 2주택자 (주택신축판매업) (분양목적) (=제조업)

예시 자료	
전입신고	2014년 4월 1일
취득시기 및 취득가액	2012년 3월 20일 (8억)
양도시기 및 양도가액	2024년 6월 30일 (20억)
예시 상황	주택신축판매업자인 김씨는 분양목적의 신축주택을 보유하고 있습니다. 그리고 2012년 3월 20일, 8억 원에 A 주택을 구입했습니다. 그 후, 2년 간 세를 주었고 2014년 4월 1일 부터는 김씨 본인이 줄곧 거주했습니다. 10년이 지난 2024년 6월 30일에 시세차익 12억 원을 남기면서 20억 원에 매도하였습니다. 이때 김씨가 내야 하는 양도소득세는 얼마일까요?
이해 포인트	생계를 같이하는 1세대 내에 김씨의 분양목적의 신축주택을 제외한 주택을 1채만 보유한 경우 김씨의 분양목적의 신축주택은 1세대 1주택 비과세 혜택을 받을 수 있는 요건에 부합합니다. 따라서, 양도세 비과세 요건을 충족하여 매매가로 12억 원(매도가 20억 원 중 12억 원 까지는 비과세 매도가격)까지는 비과세됩니다. 아울러, 김씨가 10년 이상의 보유기간 중, 10년 이상을 본인이 거주했고, 그 이후에 해당 주택을 양도하였는데, 이 경우에는 과세대상 양도차익에서 장기보유특별공제 80%를 공제 받을 수 있습니다. '주택신축판매업'이란 판매(분양)를 목적으로 주택을 신축하여 판매(해당 주택이 판매되지 않아 그 전부 혹은 일부를 일시적으로 임대하다가 판매하는 경우까지 포함)하는 건설업임으로 '사업소득'에 해당합니다. 따라서, 임대목적으로 신축하여 임대용으로 사용하다가 양도한 경우에는 사업소득이 아닌 '양도소득'에 해당합니다.

계산표	
양도가액	2,000,000,000원
(취득가액)	(800,000,000원)
(필요경비)	설비비·개량비 = 120,000,000원 양도비용 = 18,000,000원 자본적 지출 = 60,000,000원 법무사비 = 2,000,000원 소계 = (200,000,000)원
= 양도차익	1,000,000,000원
비과세 양도차익	1,000,000,000원 × (1,200,000,000원/2,000,000,000원) = 600,000,000원
과세대상 양도차익	1,000,000,000원 - 600,000,000원 = **400,000,000원**
(장기보유특별공제)	400,000,000원 × 80% = (320,000,000원) • 보유12년(40%) + 거주10년(40%) = 80%
양도소득금액	80,000,000원 • 400,000,000(과세대상) - 320,000,000(장기보유특별공제)
(양도소득기본공제)	(2,500,000원)
과세표준	77,500,000원
(×) 세율-누진공제	77,500,000원 × 24% - 5,760,000원
산출세액	12,840,000원
지방소득세 (10%)	1,284,000원 • 지방소득세: 과거 주민세의 명칭변경
총 부담할 세액	14,124,000원

4) 1세대 2주택자 (부동산매매업) (시세차익 목적) (=유통업)

예시 자료	
전입신고	2014년 4월 1일
취득시기 및 취득가액	2012년 3월 20일 (8억)
양도시기 및 양도가액	2024년 6월 30일 (20억)
예시 상황	부동산매매업자인 김씨는 시세차익 목적으로 매입한 주택이 있습니다. 또한, 2012년 3월 20일 8억 원에 A 주택을 구입한 후, 2년 간 세를 줬습니다. 2014년 4월 1일부터는 김씨 본인이 줄곧 거주하다가 10년이 지난 2024년 6월 30일에 시세차익 12억 원을 남기면서 20억 원에 매도하였습니다. 이때 김씨가 내야 하는 양도소득세는 얼마일까요?
이해 포인트	생계를 같이하는 1세대 내에 김씨의 시세차익 목적의 매입주택을 제외한 주택을 1채만 보유한 경우 김씨의 시세차익 목적의 매입주택은 1세대 1주택 비과세 혜택을 받을 수 있는 부동산매매업자의 재고자산에 해당합니다. 따라서, 양도세 비과세 요건을 충족하여 매매가로 12억 원(매도가 20억 원 중 12억 원 까지는 비과세 매도가격)까지는 비과세됩니다. 아울러, 김씨가 10년 이상의 보유기간 중, 10년 이상을 본인이 거주했고, 그 이후에 해당 주택을 양도하였는데, 이 경우에는 과세대상 양도차익에서 장기보유특별공제 80%를 공제 받을 수 있습니다. 여기서 부동산매매업은 부동산을 사업 목적으로 하여 주로 주택이나 상가 등을 매매하거나 중개하는 활동을 의미하며, 부동산의 매입 및 매도의 양도차익을 사업소득으로 신고해야 합니다.(매년 5월 종합소득세 신고 및 납부 필수) 부동산매매업의 사업성 판단지침은 부가가치세법상 사업자등록 기준 6개월 내 1회 이상 부동산 취득, 2회 이상 판매 시 부동산매매업자로 간주하도록 규정은 되어있습니다. 하지만 실무적으로는 세무서에서 거래 규모, 횟수, 반복성 등을 종합적으로 충분히 고려하여 사실관계를 판단합니다.

계산표	
양도가액	2,000,000,000원
(취득가액)	(800,000,000원)
(필요경비)	설비비·개량비 = 120,000,000원　양도비용 = 18,000,000원 자본적 지출 = 60,000,000원　　법무사비 = 2,000,000원 소계 = (200,000,000)원
= 양도차익	1,000,000,000원
비과세 양도차익	1,000,000,000원 × (1,200,000,000원/2,000,000,000원) = 600,000,000원
과세대상 양도차익	1,000,000,000원 - 600,000,000원 = **400,000,000원**
(장기보유특별공제)	400,000,000원 × 80% = (320,000,000원) 　　　　　　　　　　* 보유12년(40%) + 거주10년(40%) = 80%
양도소득금액	80,000,000원 * 400,000,000(과세대상) - 320,000,000(장기보유특별공제)
(양도소득기본공제)	(2,500,000원)
과세표준	77,500,000원
(×) 세율-누진공제	77,500,000원 × 24% - 5,760,000원
산출세액	12,840,000원
지방소득세 (10%)	1,284,000원　　　　　* 지방소득세: 과거 주민세의 명칭변경
총 부담할 세액	14,124,000원

5) 1세대 2주택자 (상속주택)

예시 자료	
전입신고	2014년 4월 1일
취득시기 및 취득가액	2012년 3월 20일 (8억)
양도시기 및 양도가액	2024년 6월 30일 (20억)
예시 상황	김씨는 2012년 3월 20일, 8억 원에 A 주택을 구입하면서 1세대 1주택 보유자가 되었습니다. 구입 후, 2년간 해당 주택(A 주택)을 세를 줬습니다. 2014년 4월 1일부터는 김씨 본인이 줄곧 거주하다가 10년이 지난 2024년 6월 30일, 시세차익 12억 원을 남기면서 무려 20억 원에 매도하였습니다. 하지만 2020년 3월 20일 주택 1채를 부모님으로부터 상속받아, 해당일부터는 보유주택이 2채(A 주택+상속받은 주택)가 되었습니다. 이때 김씨가 내야 하는 양도소득세는 얼마일까요?
이해 포인트	생계를 같이하는 1세대 내에 김씨의 상속받은 주택을 제외한 주택을 1채만 보유한 경우 김씨의 상속받은 주택은 1세대 1주택 비과세 혜택을 받을 수 있는 상속주택임으로 비과세 요건에 부합합니다. 따라서, 양도세 비과세 요건을 충족하여 매매가로 12억 원(매도가 20억 원 중 12억 원 까지는 비과세 매도가격)까지는 비과세됩니다. 아울러, 김씨가 10년 이상의 보유기간 중, 10년 이상을 본인이 거주했고, 그 이후에 해당 주택을 양도하였는데, 이 경우에는 과세대상 양도차익에서 장기보유특별공제 80%를 공제 받을 수 있습니다. 상속주택은 1세대 1주택 양도소득세 비과세 판단 시, 본인의 보유주택수로 계산 하지 않는 주택입니다. 상속주택의 소유자는 ① 상속 지분이 가장 큰 자, ② 당해 주택에 거주한 자, ③ 최연장자의 순으로 결정됩니다.

계산표	
양도가액	2,000,000,000원
(취득가액)	(800,000,000원)
(필요경비)	설비비·개량비 = 120,000,000원 양도비용 = 18,000,000원 자본적 지출 = 60,000,000원 법무사비 = 2,000,000원 소계 = (200,000,000)원
= 양도차익	1,000,000,000원
비과세 양도차익	1,000,000,000원 × (1,200,000,000원/2,000,000,000원) = 600,000,000원
과세대상 양도차익	1,000,000,000원 - 600,000,000원 = **400,000,000원**
(장기보유특별공제)	400,000,000원 × 80% = (320,000,000원) * 보유12년(40%) + 거주10년(40%) = 80%
양도소득금액	80,000,000원 * 400,000,000(과세대상) - 320,000,000(장기보유특별공제)
(양도소득기본공제)	(2,500,000원)
과세표준	77,500,000원
(×) 세율-누진공제	77,500,000원 × 24% - 5,760,000원
산출세액	12,840,000원
지방소득세 (10%)	1,284,000원 * 지방소득세: 과거 주민세의 명칭변경
총 부담할 세액	14,124,000원

6) 1세대 2주택자 (상속 소수지분(25%) 주택)

예시 자료	
전입신고	2014년 4월 1일
취득시기 및 취득가액	2012년 3월 20일 (8억)
양도시기 및 양도가액	2024년 6월 30일 (20억)
예시 상황	장남 김씨는 2012년 3월 20일 8억 원을 주고 A 주택을 구입하면서 1세대 1주택 보유자가 되었습니다. 구입 후 2년간 해당 주택을 세를 주었고, 2014년 4월 1일 부터는 본인이 줄곧 거주하다가 10년이 지난 2024년 6월 30일에 시세차익 12억 원을 남기면서 20억 원에 A 주택을 매도하였습니다. 하지만 2020년 3월 20일 주택 1채를 부친으로부터 형제자매들과 같이 상속받아 25%를 보유하게 되면서 2020년 3월 20일부터는 보유주택이 2채(A 주택(1채)+상속주택(0.25채)→ 2채)가 되었습니다.(세법 상, 소수지분도 1채로 계산하므로 총 2채로 계산) 이때 김씨가 내야 하는 양도소득세는 얼마일까요?
이해 포인트	생계를 같이하는 1세대 내에 김씨의 지분으로 받게 된 상속받은 주택을 제외한 주택을 1채만 보유한 경우 부친으로부터 상속받은 주택 지분 25%는 1세대 1주택 비과세 혜택을 받을 수 있는 상속주택 소수지분으로서 비과세 요건에 부합합니다. 따라서, 양도세 비과세 요건을 충족하여 매매가로 12억 원(매도가 20억 원 중 12억 까지는 비과세 매도가격)까지는 비과세됩니다. 아울러, 김씨가 10년 이상의 보유기간 중, 10년 이상을 본인이 거주했고, 그 이후에 해당 주택을 양도하였는데, 이 경우에는 과세대상 양도차익에서 장기보유특별공제 80%를 공제 받을 수 있습니다. 상속주택은 1세대 1주택 양도소득세 비과세 판단 시, 보유주택수로 계산 하지 않는 주택입니다. 상속주택의 소유자는 ① 상속 지분이 가장 큰 자, ② 당해 주택에 거주한 자, ③ 최연장자 순으로 결정됩니다. 상속주택 소수지분자의 경우에도 1세대 1주택 양도소득세 비과세 판단 시, 보유주택수로 계산하지 않습니다. 해당 소수지분은 본인의 보유주택으로 계산(count)하지 않습니다.

계산표	
양도가액	2,000,000,000원
(취득가액)	(800,000,000원)
(필요경비)	설비비·개량비 = 120,000,000원 양도비용 = 18,000,000원 자본적 지출 = 60,000,000원 법무사비 = 2,000,000원 소계 = (200,000,000)원
= 양도차익	1,000,000,000원
비과세 양도차익	1,000,000,000원 × (1,200,000,000원/2,000,000,000원) = 600,000,000원
과세대상 양도차익	1,000,000,000원 - 600,000,000원 = **400,000,000원**
(장기보유특별공제)	400,000,000원 × 80% = (320,000,000원) • 보유12년(40%) + 거주10년(40%) = 80%
양도소득금액	80,000,000원 • 400,000,000(과세대상) - 320,000,000(장기보유특별공제)
(양도소득기본공제)	(2,500,000원)
과세표준	77,500,000원
(×) 세율-누진공제	77,500,000원 × 24% - 5,760,000원
산출세액	12,840,000원
지방소득세 (10%)	1,284,000원 • 지방소득세: 과거 주민세의 명칭변경
총 부담할 세액	14,124,000원

7) 1세대 2주택자 (시차상속 50% 지분주택) (장남)

예시 자료	
장남 기본주택 전입신고	2014년 4월 1일
장남 취득시기 및 취득가액	2012년 3월 20일 (8억)
장남 양도시기 및 양도가액	2024년 6월 30일 (20억)
예시 상황	장남 김씨는 2012년 3월 20일, 8억 원에 A 주택을 구입하면서 1세대 1주택자가 되었습니다. 구입 후, 2년간 해당 주택을 세를 줬고 2014년 4월 1일부터 장남 김씨 본인이 줄곧 거주하다가 10년이 지난 2024년 6월 30일에 시세차익 12억 원을 남기면서 20억 원에 매도했습니다. 하지만 2020년 3월 20일 부모님 공동소유(50:50)의 주택 중 부친의 지분 50%를 부친으로부터 상속받았습니다. 이로 인해 2020년 3월 20일부터는 보유주택이 2채(A 주택(1채)+상속주택(0.5채)→2채)가 되었습니다.(세법 상, 소수지분도 1채로 계산하므로 2채로 계산) 이때 장남 김씨가 내야 하는 양도소득세는 얼마일까요?
이해 포인트	생계를 같이하는 1세대 내에 장남 김씨의 상속받은 지분 50% 주택을 제외한 주택을 1채만 보유한 경우 부친으로부터 상속받은 주택 지분 50%는 1세대 1주택 비과세 혜택을 받을 수 있는 상속주택 비과세 요건에 부합합니다. 따라서, 양도세 비과세 요건을 충족하여 매매가로 12억 원(매도가 20억 원 중 12억 원 까지는 비과세 매도가격)까지는 비과세됩니다. 아울러, 김씨가 10년 이상의 보유기간 중, 10년 이상을 본인이 거주했고, 그 이후에 해당 주택을 양도하였는데, 이 경우에는 과세대상 양도차익에서 장기보유특별공제 80%를 공제 받을 수 있습니다. 상속주택은 1세대 1주택 양도소득세 비과세 판단 시, 보유주택수로 계산 하지 않는 주택입니다. 상속주택의 소유자는 ① 상속 지분이 가장 큰 자, ② 당해 주택에 거주한 자, ③ 최연장자 순으로 결정됩니다. 상속주택 소수지분자의 경우에도 1세대 1주택 양도소득세 비과세 판단 시, 보유주택수로 계산하지 않습니다. 해당 소수지분은 본인의 보유주택으로 계산(count)하지 않습니다.

계산표	
양도가액	2,000,000,000원
(취득가액)	(800,000,000원)
(필요경비)	설비비·개량비 = 120,000,000원 양도비용 = 18,000,000원 자본적 지출 = 60,000,000원 법무사비 = 2,000,000원 소계 = (200,000,000)원
= 양도차익	1,000,000,000원
비과세 양도차익	1,000,000,000원 × (1,200,000,000원/2,000,000,000원) = 600,000,000원
과세대상 양도차익	1,000,000,000원 - 600,000,000원 = **400,000,000원**
(장기보유특별공제)	400,000,000원 × 80% = (320,000,000원) ・보유12년(40%) + 거주10년(40%) = 80%
양도소득금액	80,000,000원 ・400,000,000(과세대상) - 320,000,000(장기보유특별공제)
(양도소득기본공제)	(2,500,000원)
과세표준	77,500,000원
(×) 세율-누진공제	77,500,000원 × 24% - 5,760,000원
산출세액	12,840,000원
지방소득세 (10%)	1,284,000원 ・지방소득세: 과거 주민세의 명칭변경
총 부담할 세액	14,124,000원

8) 1세대 2주택자 (시차상속 50% 지분주택) (차남)

예시 자료	
차남 기본주택 전입신고	2014년 4월 1일
차남 취득시기 및 취득가액	2012년 3월 20일 (8억)
차남 양도시기 및 양도가액	2024년 6월 30일 (20억)
예시 상황	차남 김씨는 2012년 3월 20일, 8억 원으로 A 주택을 구입하면서 1세대 1주택 보유자가 되었습니다. 구입 후, 2년 간 해당 주택을 세를 주었고, 2014년 4월 1일부터는 본인이 거주하다가 10년이 지난 2024년 6월 30일에 시세차익 12억 원을 남기면서 20억 원에 매도하였습니다. 2022년 3월 20일 모친과 장남의 공동소유(50:50)의 주택 1채를 모친으로부터 모친 지분 50%를 상속받아, 2022년 3월 20일부터는 보유주택이 2채(A 주택(1채)+상속주택(0.5채)→ 2채)가 되었습니다. (세법 상, 소수지분도 1채로 계산하므로 총 2채로 계산) 이때 차남 김씨가 내야 하는 양도소득세는 얼마일까요?
이해 포인트	생계를 같이하는 1세대 내에 차남 김씨의 상속받은 지분 50% 주택을 제외한 주택을 1채만 보유한 경우 모친으로부터 상속받은 주택지분 50%는 1세대 1주택 비과세 혜택을 받을 수 있는 상속주택 비과세 요건에 부합합니다. 따라서, 양도세 비과세 요건을 충족하여 매매가로 12억 원(매도가 20억 원 중 12억 원 까지는 비과세 매도가격)까지는 비과세됩니다. 아울러, 김씨가 10년 이상의 보유기간 중, 10년 이상을 본인이 거주했고, 그 이후에 해당 주택을 양도하였는데, 이 경우에는 과세대상 양도차익에서 장기보유특별공제 80%를 공제 받을 수 있습니다. 상속주택은 1세대 1주택 양도소득세 비과세 판단 시, 보유주택수로 계산 하지 않는 주택입니다. 상속주택의 소유자는 ① 상속 지분이 가장 큰 자, ② 당해 주택에 거주한 자, ③ 최연장자 순으로 결정됩니다. 상속주택 소수지분자의 경우에도 1세대 1주택 양도소득세 비과세 판단 시, 보유주택수로 계산하지 않습니다. 해당 소수지분은 본인의 보유주택으로 계산(count)하지 않습니다.

계산표	
양도가액	2,000,000,000원
(취득가액)	(800,000,000원)
(필요경비)	설비비·개량비 = 120,000,000원 양도비용 = 18,000,000원 자본적 지출 = 60,000,000원 법무사비 = 2,000,000원 소계 = (200,000,000)원
= 양도차익	1,000,000,000원
비과세 양도차익	1,000,000,000원 × (1,200,000,000원/2,000,000,000원) = 600,000,000원
과세대상 양도차익	1,000,000,000원 - 600,000,000원 = **400,000,000원**
(장기보유특별공제)	400,000,000원 × 80% = (320,000,000원) ＊보유12년(40%) + 거주10년(40%) = 80%
양도소득금액	80,000,000원 ＊400,000,000(과세대상) - 320,000,000(장기보유특별공제)
(양도소득기본공제)	(2,500,000원)
과세표준	77,500,000원
(×) 세율-누진공제	77,500,000원 × 24% - 5,760,000원
산출세액	12,840,000원
지방소득세 (10%)	1,284,000원 ＊지방소득세: 과거 주민세의 명칭변경
총 부담할 세액	14,124,000원

9) 1세대 2주택자 (동거봉양 동일세대 합가)

예시 자료	
부모님 (B)주택 전입신고	2014년 4월 1일
본인 (A)주택 취득시기 및 취득가액	2012년 3월 20일 (8억)
본인 (A)주택 양도시기 및 양도가액	2024년 6월 30일 (20억)
예시 상황	효심이 남다른 김씨는 2012년 3월 20일, 8억 원을 주고 A 주택을 구입했습니다. 구입 후 10년간 해당 주택에 본인 가족들이 직접 거주하였고, 2022년 4월 1일부터는 부모님의 건강 악화로 본인의 A 주택을 세를 주고, 부모님 소유의 B 아파트로 가족 다 같이 이사를 하였습니다. 2022년 4월 1일부터는 부모님과 세대를 합치게 되어 1세대 내에 주택은 2채(본인 소유 A 주택+부모님 소유 B아파트)을 보유하게 되었습니다. 그리고 10년이 지나기 전인 2024년 3월 30일에 본인 소유의 A 주택을 시세 차익 12억 원을 남기면서 20억 원에 매도하였습니다. 이때 효심이 남다른 김씨가 내야 하는 양도소득세는 얼마일까요?
이해 포인트	김씨가 부모님 동거봉양 목적으로 세대를 합치게 되면서 1세대 내에 보유하는 주택은 세대합가일로부터 10년간은 각자가 기존에 보유하던 주택으로만 1세대 1주택 비과세 요건을 판단합니다. 김씨의 경우 세대합가일이 2022년 4월 1일인데, 10년이 지나기 전에 김씨 소유의 A주택을 매도하였기에 1세대 1주택 비과세 요건에 부합합니다. 따라서, 양도세 비과세 요건을 충족하여 매매가로 12억 원(매도가 20억 원 중 12억 원 까지는 비과세 매도가격)까지는 비과세됩니다. 아울러, 김씨가 10년 이상의 보유기간 중, 10년 이상을 본인이 거주했고, 그 이후에 해당 주택을 양도하였는데, 이 경우에는 과세대상 양도차익에서 장기보유특별공제 80%를 공제 받을 수 있습니다. 1세대 1주택 비과세 동거봉양 합가의 조건은 만60세 이상의 부모를 봉양하기 위하여 세대를 합치는 경우입니다. 합가일로부터 10년간은 각자가 1세대 1주택을 보유한 것으로 보아, 본인의 기존 주택으로만 1세대 1주택 비과세 판단 시 주택수를 계산(count)합니다.

계산표	
양도가액	2,000,000,000원
(취득가액)	(800,000,000원)
(필요경비)	설비비·개량비 = 120,000,000원 양도비용 = 18,000,000원 자본적 지출 = 60,000,000원 법무사비 = 2,000,000원 소계 = (200,000,000)원
= 양도차익	1,000,000,000원
비과세 양도차익	1,000,000,000원 × (1,200,000,000원/2,000,000,000원) = 600,000,000원
과세대상 양도차익	1,000,000,000원 - 600,000,000원 = **400,000,000원**
(장기보유특별공제)	400,000,000원 × 80% = (320,000,000원) • 보유12년(40%) + 거주10년(40%) = 80%
양도소득금액	80,000,000원 • 400,000,000(과세대상) - 320,000,000(장기보유특별공제)
(양도소득기본공제)	(2,500,000원)
과세표준	77,500,000원
(×) 세율-누진공제	77,500,000원 × 24% - 5,760,000원
산출세액	12,840,000원
지방소득세 (10%)	1,284,000원 • 지방소득세: 과거 주민세의 명칭변경
총 부담할 세액	14,124,000원

10) 1세대 2주택자 (혼인 동일세대 합가)

예시 자료	
전입신고	2014년 4월 1일 (혼인신고: 2020년 4월 30일)
취득시기 및 취득가액	2012년 3월 20일 (8억)
양도시기 및 양도가액	2025년 6월 30일 (20억)
예시 상황	곧 결혼을 앞두고 있는 김씨는 2012년 3월 20일, 8억 원으로 A 주택을 구입했습니다. 구입 후, 해당 주택에 본인 김씨가 직접 거주하였습니다. 그런데 2020년 4월 30일부터는 혼인으로 인해 이미 1주택(B)을 보유하고 있는 신부 이씨가 김씨의 A 주택으로 이사오게 되면서 같은 세대 내에 보유주택수는 2채(김씨 소유 A 주택(1채)+이씨 소유 B 주택(1채)→ 2채)가 되었습니다. 그리고 혼인합가일(2020년 4월 30일)로부터 5년이 지난 2025년 6월 30일에 본인 소유의 A주택을 시세차익 12억 원을 남기면서 20억 원에 매도하였습니다. 이때 김씨가 내야 하는 양도소득세는 얼마일까요?
이해 포인트	김씨가 혼인으로 인해 세대를 합치게 되면서 1세대 내에 보유하는 주택이 2채가 되었지만, 혼인합가일로부터 10년간은 각자가 기존에 보유하던 주택으로만 1세대 1주택 비과세 요건을 판단합니다 김씨의 경우 혼인합가일이 2020년 4월 1일인데, 10년이 지나기 전에 김씨 소유의 A주택을 매도하였기에 1세대 1주택 비과세 요건에 부합합니다. 따라서, 양도세 비과세 요건을 충족하여 매매가로 12억 원(매도가 20억 원 중 12억 원 까지는 비과세 매도가액)까지는 비과세됩니다. 아울러, 김씨가 10년 이상의 보유기간 중, 10년 이상을 본인이 거주했고, 그 이후에 해당 주택을 양도하였는데, 이 경우에는 과세대상 양도차익에서 장기보유특별공제 80%를 공제 받을 수 있습니다. 혼인합가 비과세 요건은 혼인으로 인하여 세대를 합치는 경우, 혼인합가일(혼인신고일)로부터 10년간은 각자가 기존에 보유하던 주택으로만 1세대 1주택 비과세 판단 시 주택수를 계산(count)합니다.

계산표	
양도가액	2,000,000,000원
(취득가액)	(800,000,000원)
(필요경비)	설비비·개량비 = 120,000,000원 양도비용 = 18,000,000원 자본적 지출 = 60,000,000원 법무사비 = 2,000,000원 소계 = (200,000,000)원
= 양도차익	1,000,000,000원
비과세 양도차익	1,000,000,000원 × (1,200,000,000원/2,000,000,000원) = 600,000,000원
과세대상 양도차익	1,000,000,000원 - 600,000,000원 = **400,000,000원**
(장기보유특별공제)	400,000,000원 × 80% = (320,000,000원) ＊ 보유13년(40%) + 거주13년(40%) = 80%
양도소득금액	80,000,000원 ＊400,000,000(과세대상) - 320,000,000(장기보유특별공제)
(양도소득기본공제)	(2,500,000원)
과세표준	77,500,000원
(×) 세율-누진공제	77,500,000원 × 24% - 5,760,000원
산출세액	12,840,000원
지방소득세 (10%)	1,284,000원 ＊ 지방소득세: 과거 주민세의 명칭변경
총 부담할 세액	14,124,000원

[절세 궁금증,  싹 다 풀어드립니다!]

Q1

비과세 판단 시 동일세대 여부는 어떤 기준으로 판단하고 있나요?

동일세대 여부는 주택 양도일 현재 기준으로 판단합니다. 다만, 같은 장소에서 생계를 같이하는 가족이 주민등록상 등재되어 있더라도, 실제로 생계를 함께하지 않는 등 주민등록상의 현황과 사실상의 거주 및 생계 현황이 다른 경우에는 사실상 현황을 기준으로 동일세대 여부를 판정하고 있습니다.

Q2

자녀가 주민등록상 부모님 집에 있지만, 실제로는 혼자 거주 중입니다. 이 경우 비과세 적용이 가능할까요?

자녀가 아래의 독립 세대 구성 요건 중 하나를 충족하고, 주민등록과 실제 거주 현황이 다름이 객관적으로 확인되는 경우, 실제 현황을 기준으로 별도 세대 여부를 판단하여 비과세 여부를 결정할 수 있습니다.

1) 독립 세대 구성 요건
① 배우자가 있거나, 사망 또는 이혼한 경우

② 만 30세 이상인 경우

③ 「국민기초생활 보장법」 제2조 제11호에 따른 기준 중위소득의 100분의 40 수준 이상의 소득이 있고, 소유한 주택 또는 토지를 스스로 관리·유지하면서 독립된 생계를 유지하는 경우 (미성년자는 제외)

2) 실제 거주지 증빙서류 예시

택배 및 우편물 수령 내역, 공과금 납부 내역, 임대차계약서, 입주자 관리 카드 등

공동 소유한 주택은 고가주택 여부를 어떻게 판단할까요?

고가주택 여부는 소유 지분과 관계없이 주택 전체(부수토지 포함)의 시가 기준으로 판단하고 있습니다.

피상속인이 상속 개시 당시 2주택 이상을 보유하고 있는 경우, 상속주택은 어떻게 결정될까요?

다음 순서에 따라 1채만 상속주택으로 인정됩니다.

최장 보유한 주택 → 최장 거주한 주택 → 상속 개시 당시 거주주택 → 기준시가가 가장 높은 주택 → 상속인이 선택한 주택

공동 상속주택을 보유한 경우 누구의 주택으로 보게 되나요?

공동 상속주택 외의 다른 주택을 양도하는 경우, 상속지분이 가장 큰 자를 제외한 나머지 상속인의 경우에는 해당 상속주택을 주택수에서 제외하고 있습니다. 다만, 상속지분이 동일한 경우에는 다음 순서로 판단합니다.

① 해당 주택에 거주 중인 상속인

② 최연장자

일시적 2주택자가 상속주택을 취득한 경우에도 비과세 특례를 받을 수 있을까요?

네. 일시적 2주택자가 상속주택을 취득하여 1세대 3주택이 된 경우에도, 일시적 2주택 비과세 특례가 적용될 수 있습니다.

일시적 2주택 종전주택을 동일세대원에게 양도할 때도 비과세를 적용 받을 수 있을까요?

아니요. 동일세대원에게 양도하여 양도 후에도 1세대 2주택 상태가 유지되는 경우에는 일시적 2주택 비과세 특례를 적용할 수 없습니다.

Q8

새로 취득한 주택을 동일세대원에게 증여한 경우, 종전주택의 양도 기한은 언제까지일까요?

신규주택을 동일세대원에게 증여한 경우에도, 증여자의 신규주택 취득일을 기준으로 종전주택의 양도 기한(3년)을 판단합니다.

동거봉양합가 비과세 요건이 무엇인가요?

1주택을 보유하고 1세대를 구성하는 자가 1주택을 보유하고 있는 60세 이상의 직계존속(아래의 사람을 포함)을 동거봉양하기 위하여 세대를 합침으로써 1세대가 2주택을 보유하게 되는 경우 합친 날부터 10년 이내에 먼저 양도하는 주택은 1세대 1주택으로 보아 비과세 여부를 판단하고 있습니다.

① 배우자의 직계존속으로 60세 이상인 사람
② 직계존속(배우자의 직계존속) 중 어느 한 사람이 60세 미만인 경우

어느 날을 세대 합가일로 보고 있나요?

객관적 증빙이 없는 경우, 주민등록 전입일을 세대 합가일로 간주합니다.

Q11

동거봉양 후 분가했다가 다시 합가한 경우, 비과세 적용 기준은 무엇인가요?

동거봉양 목적으로 다시 합가한 경우, 재합가일로부터 10년 이내에 먼저

양도하는 주택에 대해 비과세 특례가 적용됩니다. 다만, 이전 분가가 실제로 존재했는지 여부 등 사실관계를 종합적으로 판단하여 적용 여부가 결정됩니다.

Q12

혼인합가 비과세 요건은 무엇인가요?

다음 요건에 해당하면 혼인으로 인한 1세대 2주택 비과세 특례가 적용됩니다.

① 각각 1주택을 보유한 두 명이 혼인하면서 1세대가 2주택을 보유하게 되는 경우

② 무주택자가 1주택을 보유한 60세 이상 직계존속을 동거봉양하며, 1주택 보유자와 혼인하여 1세대 2주택이 된 경우 → 혼인일로부터 10년 이내에 양도하는 주택은 1세대 1주택으로 보아 비과세가 적용됩니다.

Q13

5년 이상 거주 요건을 충족한 건설임대주택을 분양받은 후, 6개월 만에 다른 주택을 취득하면 비과세를 적용 받을 수 있을까요?

민간 또는 공공건설임대주택을 분양 전환 방식으로 취득하고, 임차일부터 양도일까지 세대 전원이 5년 이상 거주한 경우에는, 기존 종전주택을 취득한 날로부터 1년이 지나지 않았더라도 비과세 특례가 적용됩니다.

1. 상생임대주택이란 무엇인가?
2. 상생임대차계약의 법 규정별 주의사항
3. '상생임대주택에 대한 특례적용신고서' 작성법
4. 양도소득세 실제 계산 사례

[절세 궁금증, 싹 다 풀어드립니다!]

4강

상생임대차계약, 절세로 연결하기

1 상생(相生)임대주택이란 무엇인가?

상생임대인 지원제도 개선

구분		기존	개선
상생임대인 개념		직전계약 대비 임대료를 5%이내 인상한 신규(갱신) 계약 체결 임대인 ① 직전계약 1년 6개월 이상 유지 ② 상생임대계약 2년간 유지	좌동
상생임대주택 인정 요건		임대개시 시점 1세대 1주택자 + 9억 원(기준시가) 이하 주택	폐지 임대개시 시점에 다주택자이나 향후 1주택자 전환 계획이 있는 임대인에게도 혜택 적용
혜택	비과세	조정대상지역 1세대 1주택 양도세 비과세 2년 거주요건 중 1년 인정	조정대상지역 1세대 1주택 양도세 비과세 2년 거주요건 면제
			장기임대주택 보유 1세대의 거주주택 특례 적용 시 2년 거주요건 면제
	장특 공제	없음	1세대 1주택 장기보유특별공제 적용 위한 2년 거주요건 면제
적용 기한		'22.12.31	'26.12.31 (4년 연장)

• 적용 기한 '21.12.20. ~ '26.12.31. 기간 중 상생임대차계약을 체결한 경우 적용

    상생임대주택의 개념은 2021년에 처음으로 도입되어 2022년에 한 차례 개정이 되면서 비과세 활용범위가 훨씬 더 넓어졌으며, 2021.

12.20~2026.12.31 사이에 상생임대차계약을 체결해야하는 한시적 양도소득세 비과세 지원규정입니다. 상생임대주택은 양도소득세 비과세 요건인 2년 거주의무가 전반적으로 되는 것이 특징이며, 2022년 개정내용을 앞의 표로 정리해드립니다.

2 상생임대차계약의 법 규정별 주의사항

상생임대차계약과 관련된 본문 내용을 요약하면 다음과 같으며, 각 조항별로 실무에서 자주 접했던 상담 사례를 바탕으로 주의사항도 함께 정리하였습니다.

1) 국내에 1주택을 소유한 1세대가 다음 각 호의 요건을 모두 갖춘 주택(이하 '상생임대주택')**을 양도하는 경우, 양도소득세 비과세를 요건 중 거주기간 요건을 적용하지 않습니다. 단, 소유권 취득 전 체결된 임대차계약**(예: 보존등기 이전 계약)**은 직전 임대차계약으로 인정되지 않으므로 주의가 필요합니다.**

① 1세대가 주택을 취득한 후, 해당 주택에 대해 임차인과 체결한 직전 임대차계약 대비 임대보증금 또는 임대료의 증가율이 5%를 초과하지 않는 임대차계약을 2021년 12월 20일부터 2026년 12월 31일 사이에 체결하고 임대를 개시할 것
② 직전임대차계약에 따른 임대 기간이 1년 6개월(18개월) 이상일 것

③ 상생임대차계약에 따른 임대 기간이 2년(24개월) 이상일 것

2) 상생임대차계약 체결 시 임대보증금과 월임대료를 상호 전환하는 경우에는, 「민간임대주택에 관한 특별법」 제44조 제4항에서 정한 기준에 따라 증가율을 산정합니다. 렌트홈 홈페이지 자동계산 서비스를 활용하여, 월 임대료 5% 증액 제한 초과 여부를 검토할 수 있습니다.

3) 직전임대차계약 및 상생임대차계약에 따른 임대기간은 월력 기준으로 산정하며, 1개월 미만의 기간은 1개월로 간주합니다. 임대차 기간 계산 시 월력 반올림 서비스가 제공되므로, 이를 적극 활용할 것을 권장합니다.

4) 직전임대차계약 및 상생임대차계약에 따른 임대기간을 산정할 때, 임차인의 사정으로 인해 임대를 계속할 수 없어 새로운 임대차계약을 체결한 경우, 기획재정부령 요건을 충족하면 신규 임대차계약의 임대기간도 합산하여 계산할 수 있습니다. (기획재정부령 요건: 새로운 임대차계약의 임대보증금 또는 임대료가 종전 계약 대비 증가하지 않았을 것이 기본 요건이며, 5% 이내 증가도 요건 위반이 되며 동일한 수준도 가능합니다.)

5) 제1항의 상생임대주택 비과세 특례를 적용받고자 하는 자는 양도소득세 과세표준 신고기한내에, 기획재정부령에서 정한 '상생임대주택에 대한 특례 적용신고서'와 함께, 해당 주택에 관한 직전임대차계약서 및 상생임대차계약서를 첨부하여 납세지 관할 세무서장에게 제출해야 합니다. 이 경우, 관할

세무서장은 해당 주택의 건물 등 등기사항증명서를 확인해야 합니다. 납세자가 해당 특례를 적용받기 위해서는 첨부된 특례적용신고서를 첨부하여 양도소득세 신고를 하여야 합니다.

> **상생임대주택 1주택의 절세활용 TIP**
>
> 1. 조정대상지역에서 취득한 주택이라 하더라도, 상생임대차계약 요건을 충족하면 1세대 1주택 비과세 요건 중 '2년 거주 요건'이 면제됩니다.
> 2. 장기임대주택 보유자가 보유한 거주주택을 양도하는 경우에도, 해당 거주주택에 대한 거주요건 없이 1세대 1주택 비과세 적용이 가능합니다.
> 3. 장기보유특별공제(최대 80%) 적용을 위한 2년 거주 요건 또한, 상생임대차계약을 충족한 경우 면제받을 수 있습니다.
> 4. 임대개시 시점에 다주택자라 하더라도, 추후 최종 1주택자로 전환 예정인 경우라면 상생임대차 특례 적용이 가능합니다.
> 5. 임대차계약 판단 기준은 '계약일' 기준이며, 직전 계약을 기준계약, 신규 계약을 상생임대차계약이라 부릅니다.
> 6. 2026년 12월 31일 이전에 계약 체결 및 계약금 송금만 완료되면 상생임대차계약으로 인정됩니다. 단, 양도 시점에서 최종 1주택 요건 및 기타 비과세 요건은 모두 충족되어야 합니다.

3 '상생임대주택에 대한 특례적용신고서' 작성법

■ 소득세법 시행규칙 [별지 제83호의4서식] <개정 2023. 3. 20.>

상생임대주택에 대한 특례적용신고서

※ 뒤쪽의 작성방법을 읽고 작성하시기 바랍니다. (앞쪽)

접수번호		접수일		
신고인 (양도자)	① 성명		② 주민등록번호	
	③ 주소		(전화번호:)	
상생임대주택 (양도주택)	④ 소재지			
	⑤ 취득일		⑥ 양도일	
	⑦ 거주기간 (년 월 일 ~ 년 월 일)		⑧ 상생임대차계약 체결일 (년 월 일)	

임대내역(⑨)

구 분	임차인		임대료		임대기간		
	성명	생년월일	보증금	월세	개시일	종료일	기간
⑩ 직전 임대차계약							
⑪ 상생 임대차계약							

「소득세법 시행령」 제155조의3제5항에 따라 상생임대주택에 대한 특례적용신고서를 제출합니다.

년 월 일

신고인 (서명 또는 인)

세무대리인 (서명 또는 인)

(관리번호)

세무서장 귀하

첨부서류	신고인 제출 서류	1. 직전임대차계약서 사본 1부 2. 상생임대차계약서 사본 1부	수수료 없음
	담당공무원 확인사항	토지·건물 등기사항증명서	

210mm×297mm[백상지80g/㎡ 또는 중질지80g/㎡]

(뒤쪽)

작성방법

1. ㉮란: 「소득세법 시행령」제154조제6항에 따라 주민등록표 등본상 전입일부터 전출일까지의 기간을 적습니다.
2. ㉯란: 해당 주택의 양도일 현재까지 직전임대차계약과 상생임대차계약에 따른 임대내역을 적습니다.
3. ㉰·㉱란: 「소득세법 시행령」제155조의3제4항에 따라 임대기간을 합산하는 경우에는 합산하는 모든 임대차계약에 따른 임대내역을 적습니다.

210mm×297mm[백상지80g/㎡ 또는 중질지80g/㎡]

1. 신고서 작성 요령

신고서 양식은 국세청 또는 세무서에서 제공하는 양식을 기준으로 작성합니다. "상생임대주택에 대한 특례적용신고서"라는 양식으로 제공되며, 국세청 홈페이지나 세무서에서 직접 양식을 받을 수 있습니다.

신고서를 작성할 때는 다음 사항을 정확히 기재해야 하며, 앞서 언급한 특례별 주의사항을 반드시 확인해야 합니다.

- 신고인 정보: 성명, 주민등록번호, 주소, 전화번호
- 주택 정보: 소재지, 취득일, 양도일, 거주기간, 상생임대차계약 체결일(상생임대차 계약은 2026년 12월 31일까지 체결)
- 임대 내역: 직전 임대차계약과 상생임대차계약 각각의 임차인 성명, 생년월일, 보증금, 월세, 임대기간

2. 상생임대주택 신고서 제출 방법

'상생임대주택에 대한 특례적용신고서'는 '직전임대차계약서'와 '상생임대차계약서'를 함께 제출하여야 상생임대주택 양도소득세 특례를 적용받을 수 있습니다. 집을 매도한 달의 말일로부터 2개월 이내에 세무서에 제출해야 하는데, 제출 기한을 지키지 않으면 추후 혜택을 받기 어려울 수 있습니다.

4. 양도소득세 실제 계산 사례

1) 1세대 1주택자 (상생계약 체결) (요건 검토 필요)

예시 자료	
취득시기 및 취득가액	2012년 3월 20일 (8억)
양도시기 및 양도가액	2024년 6월 30일 (20억)
예시 상황	세금 공부를 많이 한 김씨는 1세대 1주택자로 2012년 3월 20일 8억 원을 주고 A 주택을 구입했습니다. 취득 당시 A 주택은 조정지역으로 지정되어 있었으며, 취득일 이후 거주한 적은 없습니다. 김씨는 형편상 도저히 거주의무 2년을 지키기 어려운 상황이라, 임대료 증액제한 5% 규칙 등을 철저히 지키기로 마음먹고 직전계약이 18개월 이상 유지된 것도 확인했습니다. 그래서 2021년 12월 20일 상생임대차계약을 체결하였습니다. 그리고 2년이 지난 2024년 6월 30일에 시세차익 12억 원을 남기면서 20억 원에 매도하였습니다. 이때 김씨가 내야 하는 양도소득세는 얼마일까요?
이해 포인트	상생임대주택은 비록 취득당시 조정지역이었을지라도 양도소득세 비과세 요건인 2년 거주의무가 면제됩니다. 또한, 1세대 1주택자의 장기보유특별공제 최대공제 80%를 받기 위한 2년 거주요건도 면제됩니다. 김씨의 경우 상생임대주택 비과세 특례 요건을 충족하였으므로 1세대 1주택 비과세 요건에 부합합니다. 따라서, 양도세 비과세 요건을 충족하여 매매가로 12억 원(매도가 20억 원 중 12억 원 까지는 비과세 매도가격)까지는 비과세됩니다. 아울러, 김씨가 10년 이상의 보유기간 중 실거주 기간은 0년이기 때문에 과세대상 양도차익에서 장기보유특별공제 40%를 공제 받을 수 있습니다.

계산표	
양도가액	2,000,000,000원
(취득가액)	(800,000,000원)
(필요경비)	설비비·개량비 = 120,000,000원　양도비용 = 18,000,000원 자본적 지출 = 60,000,000원　　법무사비 = 2,000,000원 소계 = (200,000,000원)
= 양도차익	1,000,000,000원
비과세 양도차익	1,000,000,000원 × (1,200,000,000원/2,000,000,000원) = 600,000,000원
과세대상 양도차익	1,000,000,000원 - 600,000,000원 = **400,000,000원**
(장기보유특별공제)	400,000,000원 × 40% = (160,000,000원) 　　　　　　　　　　　• 보유12년(40%) + 거주0년(0%) = 40%
양도소득금액	240,000,000원　• 400,000,000(과세대상)-160,000,000(장기보유특별공제)
(양도소득기본공제)	(2,500,000원)
과세표준	237,500,000원
(×) 세율-누진공제	237,500,000원 × 38% - 19,940,000원
산출세액	70,310,000원
지방소득세 (10%)	7,031,000원　　　　　• 지방소득세: 과거 주민세의 명칭변경
총 부담할 세액	77,341,000원

2) 1세대 1주택자 (상생계약 미체결)

예시 자료	
취득시기 및 취득가액	2012년 3월 20일 (8억)
양도시기 및 양도가액	2024년 6월 30일 (20억)
예시 상황	세법을 잘 모르는 김씨는 1세대 1주택자로 2012년 3월 20일, 8억 원을 주고 A 주택을 구입했습니다. 취득 당시 A 주택은 조정지역으로 지정되어 있었으며, 취득일 이후 거주한 적은 없습니다. 김씨는 형편상 도저히 거주의무 2년을 지키기 어려운 상황이었고, 줄곧 세를 놓고 있었습니다. (상생계약 미체결) 그리고 12년이 지난 2024년 6월 30일에 시세차익 12억 원을 남기면서 20억 원에 매도하였습니다. 이때 김씨가 내야 하는 양도소득세는 얼마일까요?
이해 포인트	상생임대주택은 비록 취득당시 조정지역이었을지라도 양도소득세 비과세 요건인 2년 거주의무가 면제됩니다. 또한, 1세대 1주택자의 장기보유특별공제 최대공제 80%를 받기 위한 2년 거주요건도 면제되는데, 이때 '거주'는 세대 전원의 실거주를 의미합니다. 1세대 1주택자가 주택을 10년 이상 보유한 기간 중에 10년 이상 거주하고, 해당 주택을 매도하는 경우에는 시세차익의 80%를 공제해주지만, 본 사례처럼 실거주 2년이 없으면 아무리 1세대 1주택자라 하더라도 보유(40%) + 거주(40%) = 최대공제(80%)를 받을 수 없고, 최대 공제율이 15년 30%인 일반공제를 받아야합니다. (본 사례에서는 보유 12년*2%를 해서 24%가 됩니다.) 아울러, 양도세 비과세 요건 충족 시, 생계를 같이하는 1세대 내에 주택을 1채만 보유한 경우, 매매가로 12억 원(매도가 20억 원 중 12억 원까지는 비과세 매도가격)까지는 비과세를 받을 수 있게되지만, 본 사례의 경우는 2년 실거주 의무를 충족하지 못했기 때문에 12억 원까지 비과세 혜택이 불가능 합니다. 양도주택의 취득 당시, 해당 주택의 소재 지역이 조정지역이었으면, 취득 이후에 조정지역이 해제되었더라도 비과세를 받기 위해서는 2년의 실거주 의무가 주어집니다.

계산표	
양도가액	2,000,000,000원
(취득가액)	(800,000,000원)
(필요경비)	설비비·개량비 = 120,000,000원 양도비용 = 18,000,000원 자본적 지출 = 60,000,000원 법무사비 = 2,000,000원 소계 = (200,000,000원)
= 양도차익	1,000,000,000원
(장기보유특별공제)	1,000,000,000원 × 24% = (240,000,000원) * 보유12년(24%) + 거주0년(0%) = 24%
양도소득금액	760,000,000원 * 1,000,000,000(과세대상) - 240,000,000(장기보유특별공제)
(양도소득기본공제)	(2,500,000원)
과세표준	757,500,000원
(×) 세율-누진공제	757,500,000원 × 42% - 35,940,000원
산출세액	282,210,000원
지방소득세 (10%)	28,221,000원 * 지방소득세: 과거 주민세의 명칭변경
총 부담할 세액	310,431,000원

4강 | 상생임대차계약, 절세로 연결하기

[ 절세 궁금증, 싹 다 풀어드립니다!]

Q1

상생임대인 제도가 2026년 12월 31일까지 연장되었다고 들었는데, 그렇다면 2026년 11월에 신규 임대차계약을 체결하고 2년 이상 유지하면 비과세 혜택을 받을 수 있나요?

직전 임대차계약이 1년 6개월 이상 유지된 경우에는 가능합니다.

단, 보존등기 이전에 체결된 임대차계약은 '직전 임대차계약'으로 인정되지 않으므로 주의해야 합니다. 또한, 상생임대인 제도는 실거주 요건을 완화해주는 제도이며, 최종적으로는 해당 주택을 1주택자로서 양도해야 비과세 혜택을 받을 수 있습니다.

기존 임차인과 계약을 2년으로 갱신했지만, 임차인이 1년 후 조기 퇴거했습니다. 이 경우에도 상생임대차계약으로 인정되나요?

아니요. 상생임대차계약으로 인정받기 위해서는 실제 임대한 기간이 2년 이상이어야 합니다. 임차인이 중도 퇴거하여 실제 임대 기간이 2년 미만이면, 요건을 충족하지 못해 상생임대차계약에 해당하지 않습니다. 참고로 직전 임대차계약은 1년 6개월 이상, 상생임대차계약은 2년 이상 필요합니다.

상생임대차계약을 체결하면 어떤 세제 혜택이 있나요?

상생임대주택으로 인정받으면 조정대상지역 내 1세대 1주택 비과세 요건 중 거주요건이 면제됩니다. 또한, 장기보유특별공제의 2년 거주요건도 면제되는 등 양도소득세 절세 혜택이 주어집니다.

임차인이 기존 A에서 새 임차인 B로 변경된 경우에도 상생임대차계약 혜택을 받을 수 있나요?

네. 임대인이 동일하면 임차인이 바뀌어도 무방합니다. 임대료 인상률이 직전 계약 대비 5% 이내인 경우, 상생임대차계약으로 인정되어 세제 특례를 적용받을 수 있습니다.

A 주택을 취득하기 전에 임차인 B와 A 임대차계약을 체결했습니다. 이 계약이 '직전임대차계약'에 해당하나요?

해당하지 않습니다. '직전임대차계약'은 해당 주택을 취득한 이후에 임차인과 새로 체결한 계약을 말합니다. 따라서, 취득 전에 체결한 계약은 '직전임대차계약'에 해당되지 않습니다.

기존 임차인이 조기 퇴거하여 새로운 임차인과 임대차계약을 체결(1년)하였는데 이러한 경우에도 상생임대차 계약에 해당할까요?

상생임대주택에 대한 양도소득세 특례 적용시 상생임대차계약을 체결한 기존임차인이 조기퇴거하는 경우에는 기존 임대차계약(1)과 새로운 임대차계약(2)의 임대기간을 합산하여 판정 할 수 있습니다. 따라서, 실제 임대한 기간[(1)+(2)]이 2년 이상인 경우 상생임대주택에 대한 특례를 적용 받을 수 있습니다. 새로운 임대차계약(2)의 임대료 등이 기존 임대차계약(1)의 임대료 등보다 낮거나 같은 경우에 한하여 적용됩니다.

1. 주택의 종류

2. 거주주택 양도소득세 비과세 절세방법

3. '주택임대사업자의 거주주택 1세대 1주택 특례적용신고서' 작성법

4. 양도소득세 실제 계산 사례

[절세 궁금증, 싹 다 풀어드립니다!]

5강

실거주 1주택 양도소득 비과세 절세방법

1 주택의 종류

1) 다세대주택

하나의 건물 내에 여러 가구가 거주할 수 있도록 지어진 4층 이하, 연면적이 660㎡ 이하의 영구건물로서, 건축 당시 '다세대주택'으로 허가를 받은 경우를 말합니다.

각 주택별로 개별 등기가 가능하고, 매매나 소유의 단위가 각각 분리된다는 점에서 다가구주택과 구분됩니다.

2) 다가구주택

단독주택의 일종으로, 소유권은 한 사람에게만 귀속되며, 건물 내에 여러 가구가 살 수 있도록 지어진 연면적이 660㎡ 이하의 주택입니다.

구획마다 방, 부엌, 출입구, 화장실 등이 갖추어져 독립된 생활이 가능한 구조이지만, 각 구획은 개별 등기나 매매가 불가능합니다.

원칙적으로 각 구획마다 1주택으로 보지만, 전체를 하나의 계약으로 매매하는 경우에는 1주택으로 간주하는 예외가 있습니다.

3) 연립주택

4층 이하의 공동주택으로, 한 건물에 두 가구 이상이 독립적으로 거주할 수 있도록 지어진 주택입니다.

정원과 뜰을 가질 수 있는 구조로, 이웃 간 적절한 독립성을 보장하면서 옥외생활이 되도록 하여 주거밀도를 높일 수 있는 저층 주거형식을 의미합니다.

4) 도시형 생활주택

300세대 미만의 국민주택규모(전용 85㎡ 이하)에 해당하는 주택으로, 다음 중 하나에 해당해야 합니다.

① 단지형 연립주택

② 단지형 다세대주택

③ 원룸형 주택

: 특히 원룸형 주택의 경우, 다음 네 가지 요건을 모두 충족해야 합니다.

ⅰ 세대별 독립된 욕실과 부엌 설치

ⅱ 욕실과 보일러실을 제외한 공간은 하나의 공간으로 구성

ⅲ 세대별 전용면적은 12㎡ 이상 50㎡ 이하

ⅳ 지하층에는 설치할 수 없음

2 거주주택 양도소득세 비과세 절세방법

1세대가 '장기임대주택' 또는 '장기어린이집'과 일반적인 거주용 1주택을 함께 보유하고 있는 경우, 아래의 요건을 충족하면 해당 거주

주택 양도 시 1세대 1주택으로 간주되어 양도소득세 비과세 혜택을 받을 수 있습니다. (소득세법 시행령)

1) 거주주택 요건
보유기간 중 실제 거주기간이 2년 이상일 것

2) 장기임대주택 요건
① 양도일 현재 관할 세무서에 사업자등록이 되어 있을 것
② 구청 등 자치단체에 민간임대주택으로 등록하여 임대하고 있을 것
③ 임대보증금 또는 임대료의 연 증가율이 5%를 초과하지 않을 것

3) 장기어린이집 요건
양도일 현재 고유번호를 부여받고, 장기어린이집을 운영하고 있을 것

4) 비과세 적용 시점
장기임대주택[8]의 10년 임대요건 또는 장기어린이집의 10년 운영요건을 충족하지 않았더라도 거주주택을 먼저 양도한 경우에도 비과세

---

[8] '장기임대주택'이란?
- 구청, 세무서 등록 및 5% 임대료 증액제한 준수
- 임대사업자가 10년 이상 임대할 목적으로 취득하여 임대하는 아파트(도시형생활주택이 아닌 것)를 제외한 주택을 말한다.(즉, 도시형생활주택은 거주주택 비과세에 활용이 가능하다는 의미입니다.)

적용이 가능하나 10년 임대기간 사후관리가 필요하다.

요점정리

① '장기임대주택'과 '2년 이상 거주한 일반 주택' 이렇게 보유한 1세대는
→ '일반 2년 이상 거주주택'을 먼저 양도해도 1세대 1주택 비과세 가능
→ 단, 누구나 생애 1회에 한정하던 규정이 삭제되어 수차례 횟수 제한 없이 거주주택에 대한 양도소득세 비과세 가능하나, 양도차익에 대한 소득금액 비과세는 중복 적용이 안된다.
② 장기가정어린이집 보유 시에는 생애 1회 제한규정이 없어서 횟수 제한없이 비과세적용
③ '거주 2년'은 요건은 조정대상지역 여부와 무관하게 반드시 충족해야 하는 조건
→ '거주 2년'은 거주주택에 대한 비과세 적용을 위한 최소한 요건이며, 이는 취득 당시 해당 지역이 조정대상지역인 경우 적용되는 '보유기간 중 2년 이상 거주' 요건과는 다른 개념

2025년 양도소득세 개정세법 특이사항 ②

6년 단기임대주택

양도소득세 중과배제 및 거주주택 비과세 대상 임대주택에 6년 단기임대주택이 추가되었습니다.

- 건설형: 최소 2호 이상, 공시가 6억 이하, 대지 298㎡ 이하, 주택의 연면적 149㎡ 이하
- 매입형: 1호 이상, 공시가 수도권 4억(비수도권 2억) 이하 (단, 매입형은 조정지역 제외)

3
'주택임대사업자의 거주주택 1세대 1주택 특례적용신고서' 작성법

■ 소득세법 시행규칙 [별지 제83호의2서식] <개정 2022. 3. 18.>

주택임대사업자의 거주주택 1세대 1주택 특례적용신고서

※ 뒤쪽의 작성방법을 읽고 작성하시기 바랍니다. (앞쪽)

접수번호		접수일			
신청인 (양도자)	① 성명			② 주민등록번호	
	③ 주소			(전화번호:)	
거주 주택 (양도 주택)	④ 소재지				
	⑤ 주택 면적(㎡)		⑥ 토지 면적(㎡)	⑦ 취득일	⑧ 양도일
	⑨ 거주기간(년 월 일 ~ 년 월 일)			⑩ 양도가액	

⑪ [ ] 거주주택 양도 당시 장기임대주택 등이 임대기간요건 등을 충족한 경우 내역
⑫ [ ] 거주주택 양도 당시 장기임대주택 등이 임대기간요건 등을 미충족한 경우 내역

구 분	소유자						장기임대주택 등 내역				
	성명 (⑬)	양도자와의 관계 (⑭)	주민등록번호 (⑮)	소재지 (⑯)	취득일 (⑰)	주택 면적 (⑱)	토지 면적 (⑲)	임대 개시일 (⑳)	임대 개시 당시 기준시가 (㉑)	세법상 사업자등록		시군구청 임대등록
										등록일 (㉒)	등록호수 (㉓)	(㉔) (㉕)
장기임대주택(㉖)												
장기어린이집(㉗)												

임대내역(㉘)

구 분	임차인		임대료		임대기간		
	성명	생년월일	보증금	월세	개시일	종료일	기간
최초 임대							
2회 임대							

직전거주 주택보유명세 (㉙)	소재지	양도일

「소득세법 시행령」 제155조제24항에 따라 주택임대사업자의 거주주택에 대한 1세대 1주택 특례적용신고서를 제출합니다.

년 월 일

신고인 (서명 또는 인)
세무대리인 (서명 또는 인)
(관리번호)

세무서장 귀하

첨부서류	뒤쪽 참조	수수료 없음

210mm×297mm[백상지 80g/㎡ 또는 중질지 80g/㎡]

(뒤쪽)

신고인 제출서류	1. 임대차계약서 사본 1부 2. 임차인의 주민등록표 등본 또는 주민등록표 사본 1부 ※ 임차인의 주민등록표 등본 또는 그 사본은 주민등록 전입세대의 열람내역 제출로 대신할 수 있습니다. 3. 국민주택 신고이력 확인서 사본 1부 4. 국공립어린이집 위탁계약증서 사본 1부	수수료
담당 공무원 확인 사항	1. 주민등록표 등본·초본 2. 거주주택의 등기사항 증명서 또는 토지·건축물대장 3. 장기임대주택의 등기사항 증명서 또는 토지·건축물대장 등본 4. 「민간임대주택에 관한 특별법」 제5조에 따른 임대사업자등록증 또는 「영유아보육법」 제13조에 따른 어린이집 인가증	없 음

행정정보 공동이용 동의서

본인은 이 건 업무처리와 관련하여 담당 공무원이 「전자정부법」 제36조 제1항에 따른 행정정보의 공동이용을 통하여 위의 담당 공무원 확인 사항 중 제1호 및 제4호를 확인하는 것에 동의합니다. *동의하지 않는 경우에는 신청인이 직접 관련 서류를 제출해야 합니다.

신청인   (서명 또는 인)

작 성 방 법

1. ⑨란: 양도주택이 「소득세법 시행령」 제155조제20항의 직전거주택보유주택인 경우에는 「민간임대주택에 관한 특별법」 제5조에 따라 임대주택사업자로 등록한 날 이후 양도자의 거주기간을 적습니다.
2. ⑩란: 양도 당시의 실지거래가액을 적습니다.
3. ⑪란: 거주주택 양도 당시 장기임대주택 임대기간요건 또는 운영기간요건을 충족한 경우 [V] 합니다.
4. ⑫란: 거주주택 양도 당시 장기임대주택 임대기간요건 또는 운영기간요건을 미충족한 경우 [V] 합니다.
5. ⑬란, ⑭란, ⑮란: 장기임대주택 또는 장기어린이집을 소유하고 있는 자의 성명 및 양도자와의 관계, 주민등록번호를 기재합니다.
6. ㉑란: 장기임대주택인 경우에는 임대를 개시한 날, 장기어린이집인 경우에는 어린이집으로 사용을 시작한 날을 적습니다.
7. ㉒란: 임대 개시일의 기준시가를 적으며 2011.10.14. 이전에 「민간임대주택에관한 특별법」 제5조에 따라 임대주택으로 등록한 주택인 경우 취득 당시 기준시가를 적습니다. 장기어린이집인 경우에는 어린이집으로 사용을 시작한 날의 기준시가를 적습니다.
8. ㉓란, ㉔란: 임대주택인 경우 사업자등록일과 사업자등록 번호를 적습니다.
9. ㉕란, ㉖란: 임대주택인 경우 시군구청 임대등록일과 임대 등록된 호수를 적습니다.
10. ㉗란, ㉘란: 거주주택 양도 당시 보유하고 있던 주택이 장기임대주택인 경우에는 ㉙란에 소재지 등을 적고, 장기어린이집인 경우에는 ㉚란에 소재지 등을 적습니다.
11. ㉛란: 장기임대주택의 양도일 현재까지 임대한 내역을 적습니다.
12. ㉜란: 양도주택이 「소득세법 시행령」 제155조제20항의 직전거주택보유주택인 경우에만 적습니다.

210mm×297mm[백상지 80g/㎡ 또는 중질지 80g/㎡]

1. 신고서 작성 요령

신고서 양식은 국세청 또는 세무서에서 제공하는 양식을 기준으로 작성합니다. "주택임대사업자 거주주택 1세대 1주택 특례적용신고서"라는 양식으로 제공되며, 국세청 홈페이지나 세무서에서 직접 양식을 받을 수 있습니다.

신고서를 작성할 때는 다음 사항을 정확히 기재해야 하며, 앞서 언급한 특례별 주의사항을 반드시 확인해야 합니다.

- 신고인 정보: 성명, 주민등록번호, 주소, 전화번호
- 거주주택(양도주택) 정보: 소재지, 취득일, 양도일, 거주기간, 주택면적, 토지면적, 거주기간 및 양도가액
- 장기임대주택 등 임대 내역: 거주주택 양도 당시 장기임대주택 등이 임대기간 요건 등을 충족(미충족)한 경우의 내역(양도 당시 임대기간 요건 미충족 시 사후관리 필요)
  - 소유자의 성명 및 주민등록번호와 양도자와의 관계
  - 장기임대주택의 소재지, 취득일, 주택면적, 토지면적, 임대개시일, 임대개시 당시 기준시가, 세법상 사업자등록일 및 등록호수와 시군구청 임대등록일 및 등록호수
  - 장기임대주택 임대내역(임차인, 임대료, 임대기간) 및 직전거주 주택보유명세(양도주택이 직전거주주택보유주택인 경우)

2. 주택임대사업자 거주주택 1세대 1주택 특례적용신고서 신고서 제출 방법

'주택임대사업자 거주주택 1세대 1주택 특례적용신고서'는 '임대차계약서'와 '임대차계약 신고이력 확인서' 및 '임차인의 주민등록표 등본 등'을 함께 제출하여야 주택임대사업자 거주주택 1세대 1주택 특례를 적용받을 수 있습니다. 집을 매도한 달의 말일로부터 2개월 이내에 세무서에 제출해야 하는데, 제출 기한을 지키지 않으면 추후 혜택을 받기 어려울 수 있습니다.

4
양도소득세 실제 계산 사례

1세대 2주택자 (거주주택+장기임대주택)

예시 자료	
전입신고	2014년 4월 1일
취득시기 및 취득가액	2012년 3월 20일 (8억)
양도시기 및 양도가액	2024년 6월 30일 (20억)
예시 상황	장기임대주택을 보유하고 있는 김씨는, 2012년 3월 20일, 8억 원을 주고 A 주택을 구입했습니다. 구입 후 2년간 세를 주고 2014년 4월 1일부터는 김씨 본인이 줄곧 거주하다가 10년이 지난 2024년 6월 30일에 시세차익 12억을 남기면서 20억 원에 매도하였습니다. 이때 김씨가 내야 하는 양도소득세는 얼마일까요?
이해 포인트	생계를 같이하는 1세대 내에 장기임대주택을 제외한 주택을 1채만 보유한 경우 김씨의 주택은 1세대 1주택 비과세 혜택을 받을 수 있는 요건에 부합합니다. 따라서, 양도세 비과세 요건을 충족하여 매매가로 12억 원(매도가 20억 원 중 12억 원 까지는 비과세 매도가격)까지는 비과세됩니다. 아울러, 김씨가 10년 이상의 보유기간 중, 10년 이상을 본인이 거주했고, 그 이후에 해당 주택을 양도하였는데, 이 경우에는 과세대상 양도차익에서 장기보유특별공제 80%를 공제 받을 수 있습니다. 장기임대주택이란, 양도일 현재 임대 중이며, 관할세무서와 구청 등 지자체에 2곳 모두 임대사업자로 등록을 완료해야합니다. 또한 임대개시일 당시 해당 장기임대주택의 기준시가가 6억 원(수도권 밖 3억 원) 이하여야 하며, 임대료 인상률이 임대사업자 등록일 이후 5% 범위 이내이고, 등록 시기 별 의무임대기간을 사후관리로 준수해야 합니다. 2020년 8월 18일 이후부터는 장기임대주택을 등록하는 경우, 의무임대기간이 10년 이상으로 단일화되었습니다. (주택임대사업자 등록은 아파트는 등록이 불가능하고, 도시형생활주택은 등록이 가능합니다.)

계산표	
양도가액	2,000,000,000원
(취득가액)	(800,000,000원)
(필요경비)	설비비·개량비 = 120,000,000원 양도비용 = 18,000,000원 자본적 지출 = 60,000,000원 법무사비 = 2,000,000원 소계 = (200,000,000원)
= 양도차익	1,000,000,000원
비과세 양도차익	1,000,000,000원 × (1,200,000,000원/2,000,000,000원) = 600,000,000원
과세대상 양도차익	1,000,000,000원 - 600,000,000원 = **400,000,000원**
(장기보유특별공제)	400,000,000원 × 80% = (320,000,000원) • 보유12년(40%) + 거주10년(40%) = 80%
양도소득금액	80,000,000원 • 400,000,000(과세대상) - 320,000,000(장기보유특별공제)
(양도소득기본공제)	(2,500,000원)
과세표준	77,500,000원
(×) 세율-누진공제	77,500,000원 × 24% - 5,760,000원
산출세액	12,840,000원
지방소득세 (10%)	1,284,000원 • 지방소득세: 과거 주민세의 명칭변경
총 부담할 세액	14,124,000원

절세 궁금증, 싹 다 풀어드립니다!

임대주택 사업자의 거주주택 비과세 요건은 무엇인가요?

장기임대주택과 거주주택 1채를 소유한 1세대가 거주주택을 양도하는 경우 거주주택의 보유기간이 2년 이상이고 세대전원의 거주기간이 2년 이상이면 거주주택에 대하여 1세대 1주택으로 보아 비과세 여부를 판단합니다.

임대기간은 언제부터 기산하게 될까요?

임대기간은 세무서에 사업자등록과 지자체에 임대사업자 등록을 모두 완료하고, 그 주택을 임대하는 실제 임대개시일부터 기산하고 있습니다.

양도일 현재 거주주택에 거주하고 있어야 될까요?

아니요. 양도일 현재 거주주택에 실제로 거주하고 있지 않더라도, 비과세가 적용됩니다.

세대원 중 일부가 거주요건을 충족하지 못한 경우에도 비과세를 받을 수 있을까요?

예. 세대원 중 일부가 근무상 형편 등 부득이한 사유로 인해 거주하지 못한 경우에는, 세대 전원이 거주기간 요건을 충족하지 않더라도 비과세 특례 적용을 받을 수 있습니다.

양도소득세 비과세특례를 받을수 있는 주택은 어떤게 있나요?

세법에 규정된 양도소득세 1세대 1주택 비과세를 받을수 있는 주택은 규정상 20가지가 넘지만 세제정책에 따라 수시로 개편이 되기도 하고 추가 되기도 합니다.

2025년 양도소득세 개정세법 특이사항 ③

인구감소지역 내 주택

2025년 추가된 1세대 1주택 양도소득세 비과세 특례주택으로 "인구감소지역 내 주택"이 있습니다. 1주택자가 '2024.1.4.~'2026.12.31. 의 기간에 인구감소지역 내 주택 취득시 1세대 1주택 특례 적용이 가능합니다. 1세대 1주택의 혜택은 양도소득세 장기보유특별공제 80% 외에도 종합부동산세도 기본공제 12억, 최고 80% 종합부동산세 세액공제가 있습니다.

1. 다주택자의 주택수 계산
2. 2주택 이상 다주택자 중과대상에서 제외되는 주택의 종류
3. 다주택자의 절세 핵심 방법
4. 양도소득세 실제 계산 사례

[절세 궁금증, 싹 다 풀어드립니다!]

6강

다주택자에게 필요한 절세 노하우

1
다주택자의 주택수 계산

　1세대 2주택자 등 다주택자인 경우, 가장 먼저 중과대상 주택수 계산 방법을 잘 이해하는 것이 중요합니다. 중과대상 주택이란, 국내에 2채 이상의 주택을 소유하고 있는 1세대가 보유한 주택을 의미합니다. 중과 규정에 따르면, 조정대상지역 주택 양도 시, 2주택자는 기본세율에 20% 할증, 3주택 이상자는 기본세율에 30% 할증이 적용되었으나, 이 규정은 2026년 5월 9일까지 유예된 상태입니다. 2025년 6월 현재 해당 중과세율 규정의 존폐에 대해서는 판단하기 어려우므로 향후 입법 추이를 유심히 살펴볼 필요가 있습니다.

1) 주택수의 계산

① 다가구 주택

　원칙적으로 한 가구가 독립하여 거주할 수 있도록 구획된 부분을 각각 하나의 주택으로 봅니다. 하지만 하나의 매매 단위로 통 매매 시는 그 전체를 하나의 주택으로 보는 예외가 있습니다.

② 공동 상속주택

　상속주택이 1채인 경우로 상속주택의 소유자를 정하는 순서입니다. 상속 지분이 가장 큰 자, 당해 주택에 거주하는 자, 최연장자인 자의 순으로 상속주택을 취득한 것으로 보아 각각의 상속인의 주택수를 계산합니다.

③ 부동산 매매업자가 보유하고 있는 재고자산 주택
다주택 중과대상 주택수 판단 시 주택수에 포함되나 1세대 1주택 비과세 판단 시 주택수에서는 제외됩니다.

2) 2개 이상의 주택을 같은 날에 양도 시
당해 거주자가 선택하는 순서에 따라, 주택을 양도한 것으로 볼 수 있습니다.

3) 장기임대주택, 감면대상장기임대주택, 장기가정어린이집
이러한 주택은 요건 충족 시 주택수 계산에서 제외가 가능합니다. 해당 주택의 종류별 입증서류로는 다음과 같은 서류가 필요합니다.

① 구청 주택임대사업자등록증 또는 구청 장기가정어린이집인가증
② 임대차계약서 사본
③ 임차인(세입자) 주민등록등본 사본 (단, 주민등록 전입세대 열람 내역으로 대체 제출 가능)
④ 그 밖에 기재부령이 정하는 세무서류

2
2주택 이상 다주택자 중과대상에서 제외되는 주택의 종류

1) 수도권 및 광역시 특별시 외(外)의 지역(광역시·군·세종시 등의 읍면 지역은 제외)에 소재하는 주택으로서, 해당 주택 및 이에 부수되는 토지의 기준시가 합계액이 양도 당시 3억을 초과하지 아니하는 주택 (=3억 이하의 주택)

2) 세무서 및 구청에 등록된 매입 장기임대주택 (1호 이상)
① 1호 이상 5년 이상 임대
② 임대 개시일 현재 기준시가 합계액이 6억 이하일 것 (수도권 밖은 3억 원 이하일 것)
③ 임대로 증액제한 5% 준수 (5%까지 허용)
④ 2018년 3월 31일까지 임대사업자등록을 한 주택일 것

3) 세무서 및 구청에 등록된 매입 장기임대주택 (2호 이상)
① 국민주택규모 85㎡
② 2호 이상, 5년 이상 임대
③ 기존 사업자 기준일 이전에 임대주택으로 등록하고 임대할 것
④ 기준시가 합계액이 해당 주택 취득 당시 3억 원 이하일 것

4) 건설 임대주택 (2호 이상)

① 대지면적 298㎡ 이하

② 주택의 연면적 (공동주택은 전용면적) 149㎡ 이하

③ 2호 이상 임대 또는 분양전환 주택

④ 임대 개시 당시 기준시가 6억 원 이하

⑤ 임대료 증액제한 5% 준수 (5%까지 허용)

⑥ 2018년 3월 31일까지 사업자등록을 한 주택일 것

5) 미분양 매입임대주택으로서 다음의 요건을 모두 갖춘 주택

2008년 6월 11일에서 2009년 6월 30일 사이에 취득하고, 분양계약 체결 및 계약금을 납부한 주택일 것

① 대지면적 298㎡ 이하 주택 / 연면적(공동주택은 전용면적) 149㎡ 이하

② 5년 이상 임대

③ 취득 당시 기준시가 3억 이하

④ 수도권 밖에 소재할 것

⑤ 미분양 매입임대주택의 수가 같은 시군에서 5호[9] 이상

6) 공공지원민간임대주택 및 장기일반민간임대주택

① 10년 이상 임대

---

[9] 매입 임대주택과 합산해서 5호 이상인 경우에도 미분양 매입임대주택은 같은 시군에 소재 한정

② 임대 개시 당시, 기준시가 6억 이하 (수도권 밖은 3억 이하)

③ 임대료 증액제한 5% 준수 (5%까지 허용)

7) 건설임대주택을 장기일반 민감임대주택으로 등록 시

① 2호 이상, 10년 이상 임대 혹은 분양전환 (임대사업자에게 매각도 포함)

② 대지면적 298㎡ 이하, 주택 연면적(전용면적) 149㎡ 이하

③ 임대 개시 당시 기준시가 6억 이하 (수도권 밖은 3억 이하)

④ 임대료 증액제한 5% 준수 (5%까지 허용)

8) 양도소득세 감면대상 국민주택규모 이하의 5년 이상 임대한 장기 임대주택

① 장기 임대주택(조세특례제한법 97조)

→ 5년 이상 임대 시 50%, 10년 이상 임대 시 100% 감면

② 신축 임대주택(조세특례제한법 97조의2)

→ 100% 면제

③ 미분양 국민주택(조세특례제한법 98조)

→ 5년 이상 장기 임대한 미분양 국민주택의 경우, 양도소득세 20% 면제된 금액과 누진세율 금액 중 적은 금액이 적용

9) 장기 사원용 주택

특수관계자를 제외한 종업원에게 10년 이상 무상 제공하는 사용자

소유의 주택

10) 양도소득세가 감면되는 다음의 주택

각각의 요건을 충족한 경우에는 주택수 계산에서 제외 가능합니다.

① 수도권 외 지역에 소재한 미분양 주택

② 법령 및 시행령에 규정된 요건을 충족하는 미분양 주택

③ 수도권 지역을 제외한 지역에 소재한 미분양 주택

④ 건축이 완료된 후에도 미분양 상태인 주택

⑤ 대통령령으로 정하는 9억 이하의 미분양 주택 (수도권 등 일부 지역 적용)

⑥ 6억 이하 + 135㎡ 이하 준공 후 미분양 주택

⑦ 신축 주택 취득자 (거주자가 직접 건설한 주택, 주택건설사업자로부터 매입한 주택)

11) 문화재 주택

등록문화재 주택을 말합니다.

12) 상속받은 주택 (5년간만 주택수 제외)

① 1세대 1주택자의 경우에는 해당 주택이 항상 주택수 계산에서 제외되지만, 2주택 이상을 보유한 다주택자의 경우에는 5년간만 한시적으로 주택수 계산에서 제외됩니다.

② 주택을 지분으로 보유한 경우에도 중과대상 주택수 계산에는 포

함됩니다. 그러나 지분 소유자라 하더라도, 1세대 1주택 양도소득세 비과세 요건에는 영향을 미치지 않습니다.

13) 저당권 실행 또는 채권대위변제(= 대물변제) 취득주택

저당권 실행이나 대위변제관련 집행 증빙을 잘 관리해둘 필요가 있습니다.

14) 장기가정어린이집 5년 이상 사용 후, 미사용 기간이 6개월이 경과하지 아니한 주택

어린이집 인가증이 있어야 하므로, 사설 어린이집은 인정되지 않습니다.

15) 거주 이전 목적의 일시적 2주택

① 취학·근무·질병·학교폭력 등의 열거한 사유[10]로 거주를 이전 시
② 취득 당시, 기준시가 합계액이 3억 원 이하
③ 동일 장소 시·군 소재 주택 한정
④ 취득 후 1년 이상 거주 그리고 해당 사유 해소 후 3년간 한정

---

10   취학·근무·질병·학교폭력 등 부득이한 해당 사유는?
  - 취학은 유치원, 초·중은 제외 (고등학교, 대학교부터 가능)
  - 근무상의 형편 (사업상 형편 제외)
  - 1년 이상 치료나 요양을 필요로 하는 질병 (의료기관이 인정하는 1년 이상)
  - 기타 인정되는 부득이한 경우의 예로는, 학교폭력위원회가 전학을 인정한 '학교폭력에 의한 전학' 등이 있습니다.

16) 일시적 2주택 (혼인, 동거, 봉양)

① 혼인으로 인한 합가일부터 최대 10년까지 인정

② 60세 이상 직계존속 동거봉양(배우자 포함) 합가일부터 최대 10년까지 인정

17) 소유권 분쟁 소송 주택

확정 판결일로부터 3년간 한정

18) 일시적 2주택 (종전 주택)

① 신규주택의 취득일부터 3년간 한정

② 3년간 예외규정 (법원 소송 중, 경·공매 신청, 한국자산관리공사에 매각 의뢰한 경우 등도 해당 사유에 포함)

19) 주택 양도 당시 기준시가 1억 이하 소형주택

중과배제대상 소형주택[11]이라고 부르며, 취득세에서도 중과 배제 혜택은 동일합니다. 다만, 도정법 정비구역 소재 주택, 재건축 조합 부지 소재 주택, 「빈집 및 소규모주택 정비」에 관한 특례법 사업 시행지

---

[11] 중과 배제되는 소형주택 판단
　① 겸용주택
　　- 주택 부분이 주택 외 부분보다 큰 경우에는 전체를 주택으로 보아 소형주택 여부 판단
　② 다가구주택
　　- 원칙: 공동주택으로 보아 소형주택 여부 판단
　　- 예외: 하나의 매매단위로 하여 양도하는 경우는 단독주택으로 보아 소형주택 여부를 판단
　③ 공동소유 지분주택
　　- 소유 지분에 관계없이 양도하는 1주택 전체를 기준으로 소형주택 여부를 판단

역 소재 주택은 제외됩니다. (법에 따른 주거환경개선사업의 경우, 해당 사업시행자에게 양도하는 주택은 주택수 계산에서 제외할 수 있습니다.)

20) 조정대상지역의 공고일 이전에 해당 지역의 주택을 매매하기 위하여 매매계약을 체결하고, 그리고 계약금을 지급 받은 사실이 관련 증빙 서류에 의하여 확인되는 당해 주택

계약금 송금 증빙이 필요하며, 2주택자 주택수 계산에서 제외할 수 있으며, 양도소득세 비과세 요건인 거주의무도 필요 없습니다.

3
다주택자의 절세 핵심 방법

1) 주택수 계산을 정확히 이해합니다.
① 취득 당시의 조정지역 여부를 확인하며, 계약 일자를 검토합니다.
② 소형주택 보유 여부를 확인하기 위해 공시가 1억 원 초과 여부를 검토합니다.
③ 유한한 기간이 정해져 있는 상속(혼인 10년, 동거봉양 10년)의 특성을 고려하여, 이에 맞춘 중·장기 절세 전략을 수립해야 합니다.
④ 상속주택, 부동산매매업, 주택신축판매업 등 주택수 계산의 예외사항에 주의합니다.

2) 보유주택의 양도소득세를 미리 계산하여 가장 유리한 양도순서를

결정합니다.

① 모든 보유 부동산의 예상 양도소득세를 계산해 봅니다.

② 가장 세금이 적게 나오는 부동산부터, 세금을 부담하더라도 우선적으로 매도하는 것이 좋습니다.

③ 외부 제3자에게 매각이 어려운 경우에는, 가족 간 교환 및 내부거래를 통한 30% 저가 양도를 검토해 볼 수 있습니다.

④ 매각 시, 양도소득세가 가장 많이 나오는 주택은 최후에 1주택 비과세로 양도합니다.

3) 최종 1주택 양도소득세 비과세를 위하여 다음과 같은 방법을 고려해봅니다.

① 자녀의 청약 등 향후 계획을 충분히 검토한 후, 무주택 자녀에게 증여하거나 저가로 매각하는 방법을 고려해봅니다.

② 1세대 1주택자인 자녀세대에 증여나 부담부증여로 넘기는 방법을 검토해봅니다.

③ 1세대 1주택자인 자녀세대는 일시적 2주택 양도소득세 비과세 전략을 준비합니다.

4) 외부 타인에게 매각하지 않고 주택수를 줄이기 위해서 법인을 활용합니다.

① 수도권에서는 5년 미만 법인의 부동산 취득세는 3배 중과됨에 유의합니다.

② 장소에 상관없이, 법인형태에 상관없이, 법인의 주택 취득세는 12%로 중과됩니다.

③ 위 두 요건이 결합 될 경우, 법인의 주택 취득세가 최대 약 24%까지 중과될 수 있습니다.

④ 아파트 등 집합건물을 제외한 구분등기가 가능한 주택 등은 법인을 적극적으로 활용합니다.

⑤ 일시적 2주택 비과세 혜택을 받으려면 신규주택 취득 후 기존주택을 3년 안에 매도해야 합니다. 하지만 3년 유예기간을 맞추기 어려운 경우, 기존 주택의 '소유권이전 등기접수'를 선행하거나, 한국토지주택관리공사 등 공공기관에 '매각 의뢰'를 하는 방법을 검토할 수 있습니다.

5) 다주택 중과 규정 적용 시 겸용주택의 절세 전략

다주택 중과 규정을 적용할 때, 겸용주택의 경우 주택 면적이 상가 면적보다 크더라도 상가 부분은 중과 대상에서 제외됩니다. 따라서, 이러한 기준을 활용하여 용도변경 등을 통해 상가 비율을 조정하는 등의 방식으로 다주택 중과를 피할 수 있는 절세 전략을 마련할 수 있습니다.

양도소득세 일시적 2주택 비과세 요건

① 기존주택(주택1)이 2년 이상 보유요건[12]을 충족해야합니다.
② 기존주택을 취득 한 후 최소 1년이 지난 시점에 새로운 주택을 취득해야합니다.
③ 이로 인해 1세대가 일시적으로 2주택이 된 경우에도, 신규주택의 취득일로부터 3년 이내에 기존 주택을 양도하면, 양도가액 중 12억 원까지는 비과세 혜택을 받을 수 있습니다.

* 기존 주택을 취득할 당시 해당 지역이 조정대상지역이었다면, 비과세를 받기 위해서는 보유기간 중 최소 2년 이상 거주 요건도 함께 충족해야 합니다.

2025년 양도소득세 개정세법 특이사항 ④

중과제외 장기임대주택의 요건 일부 완화
- 건설형: 임대개시 당시 공시가 6억 이상 -> 9억 이상으로 완화
- 임대개시 당시 공시가 6억(비수도권 3억) 이상 -> 현행대로 유지

---

[12] 기존 주택을 취득할 당시 해당 지역이 조정대상지역이었다면, 비과세를 받기 위해서는 보유기간 중 최소 2년 이상 거주 요건도 함께 충족해야 합니다.

4. 양도소득세 실제 계산 사례

1) 1세대 다(多)3주택자
　　(조정대상지역, 2026년 5월 9일까지 중과 현행처럼 유예 시)
2주택 이상 다주택의 양도소득세 중과세(최고30%) 규정은 1차(2022.5.10. ~2025.5.9.)에 이어 2차(2025.5.10.~2026.5.9.)로 법 제정은 되어있으나 시행이 유예(정지)되고 있습니다.

예시 자료	
전입신고	2014년 4월 1일
취득시기 및 취득가액	2012년 3월 20일 (8억)
양도시기 및 양도가액	2026년 5월 09일 (20억)
예시 상황	다주택자인 김씨는 수도권 외곽에 오래 전에 구입 해 놓은 주택 2채를 보유하고 있습니다. 그리고 2012년 3월 20일, 8억 원을 주고 더 넓은 평수의 A 주택을 구입해서 2년 간 세를 주고 2014년 4월 1일부터는 본인이 줄곧 거주하다가 12년이 지난 2026년 5월 9일에 시세차익 12억 원을 남기면서 20억 원에 매도하였습니다. 이때 다주택자인 김씨가 내야 하는 양도소득세는 얼마일까요?
이해 포인트	2025년 7월 현재, 양도소득세 중과세 규정에 따르면, 3주택 이상자는 양도소득세 기본세율에 30% 할증(+)하여 세금을 산출하도록 되어있으나, 동 중과세 규정은 법 규정은 제정되어 있으나, 소득세법 시행령으로 2026년 5월 9일까지 적용이 유예(정지)된 상태로 유지되고 있습니다.

계산표	
양도가액	2,000,000,000원
(취득가액)	(800,000,000원)
(필요경비)	설비비·개량비 = 120,000,000원 양도비용 = 18,000,000원 자본적 지출 = 60,000,000원 법무사비 = 2,000,000원 소계 = (200,000,000원)
= 양도차익	1,000,000,000원
비과세 양도차익	0원
과세대상 양도차익	1,000,000,000원
(장기보유특별공제)	1,000,000,000원 × 28% = (280,000,000원) • 보유14년 = 14 × 2% = 28%
양도소득금액	720,000,000원 • 1,000,000,000(과세대상) - 280,000,000(장기보유특별공제)
(양도소득기본공제)	(2,500,000원)
과세표준	717,500,000원
(×) 세율-누진공제	717,500,000원 × 42% - 35,940,000원
산출세액	265,410,000원
지방소득세 (10%)	26,541,000원 • 지방소득세: 과거 주민세의 명칭변경
총 부담할 세액	291,951,000원

2) 1세대 다(多)3주택자

(조정대상지역, 2026년 5월 10일 이후, 중과 유예기간 종료 시)

2주택 이상 다주택의 양도소득세 중과세(최고30%) 규정은 1차(2022.5.10. ~2025.5.9.)에 이어 2차(2025.5.10.~2026.5.9.)로 법 제정은 되어있으나 시행이 유예(정지)되고 있습니다.

예시 자료	
전입신고	2014년 4월 1일
취득시기 및 취득가액	2012년 3월 20일 (8억)
양도시기 및 양도가액	2026년 5월 10일 (20억)
예시 상황	다주택자인 김씨는 수도권 외곽에 오래 전에 구입 해 놓은 주택 2채를 보유하고 있습니다. 그리고 2012년 3월 20일, 8억 원을 주고 더 넓은 평수의 A주택을 구입해서 2년 간 세를 주고 2014년 4월 1일 부터는 본인이 줄곧 거주하다가 12년이 지난 2026년 5월 10일에 시세차익 12억 원을 남기면서 20억 원에 매도하였습니다. 이때 다주택자인 김씨가 내야 하는 양도소득세는 얼마일까요?
이해 포인트	2025년 7월 현재, 양도소득세 중과세 규정에 따르면, 3주택 이상자는 양도소득세 기본세율에 30% 할증(+)하여 세금을 산출하도록 되어있으나, 동 중과세 규정은 법 규정은 제정되어 있으나, 소득세법 시행령으로 2026년 5월 9일까지 적용이 유예(정지)된 상태로 유지되고 있습니다. 2026년 5월 10일 이후(5월 10일 당일)부터는 중과세 규정이 유예(정지)상태가 종료되면서 30% 할증 (기본세율+30%) 적용이 자동으로 다시 시작됩니다.

계산표	
양도가액	2,000,000,000원
(취득가액)	(800,000,000원)
(필요경비)	설비비·개량비 = 120,000,000원 양도비용 = 18,000,000원 자본적 지출 = 60,000,000원 법무사비 = 2,000,000원 소계 = (200,000,000원)
= 양도차익	1,000,000,000원
비과세 양도차익	0원
과세대상 양도차익	1,000,000,000원
(장기보유특별공제)	1,000,000,000원 × 0% = (0원) • 보유14년 = 14 × 2% = 28% • 조정대상지역에 있는 주택으로서 1세대 2주택 이상에 해당하는 경우 장기보유특별공제 혜택이 박탈당하기 때문에 0%입니다.
양도소득금액	1,000,000,000원 * 1,000,000,000(과세대상) - 0(장기보유특별공제)
(양도소득기본공제)	(2,500,000원)
과세표준	997,500,000원
(×) 세율-누진공제	997,500,000원 × (42% + 30%) - 35,940,000원
산출세액	682,260,000원
지방소득세 (10%)	68,226,000원 • 지방소득세: 과거 주민세의 명칭변경
총 부담할 세액	750,486,000원

절세 궁금증, 싹 다 풀어드립니다!

Q1

민간건설임대주택에 5년 이상 세입자로 거주하다가 분양받은 뒤, 2년 이내에 팔아도 비과세를 적용받을 수 있을까요?

네.「민간임대주택에 관한 특별법」에 따른 민간건설임대주택,「공공주택 특별법」에 따른 공공건설임대주택 또는 공공매입임대주택을 취득하여 양도하는 경우, 임차일로부터 양도일까지 세대 전원이 5년 이상 계속 거주한 경우에는 2년 이상 보유 요건 없이도 양도소득세 비과세를 적용받을 수 있습니다.

Q2

일시적 2주택 비과세를 받기 위한 신규주택 취득 시기 제한이 있을까요?

네. 일시적 2주택 비과세 특례를 적용받기 위해서는, 종전주택을 취득한 날로부터 1년 이상 지난 후에 신규주택을 취득해야 합니다. 이때, 1년 경과 여부는 종전주택 취득일(초일)은 산입하지 않으니 유의하셔야합니다.

일시적 2주택 비과세를 위한 종전주택 양도기한은 언제까지일까요?

일반적인 경우에는, 신규주택을 취득한 날부터 3년 이내에 종전주택을 양도해야 합니다.

1. 기준시가란 무엇인가?
2. '기준시가 변동일'을 활용한 절세 타이밍
3. 부가가치세와 상속·증여세 절세 전략
4. 양도소득세 계산 사례 - 취득가격 환산, 일괄매도가액 안분

[절세 궁금증, 싹 다 풀어드립니다!]

7강
기준시가·공시가격, 절세에 이렇게 쓴다

1 기준시가란 무엇인가?

　국세든 지방세든, 과세의 기준이 되는 가격을 통칭하여 '기준시가'라 합니다. 국세의 경우, 주택은 개별공시가격, 토지는 개별공시지가, 상가 등은 기준시가로 구분해 사용하여 구분 적용합니다. 반면, 지방세에서는 부동산의 과세 기준으로 건물은 '건물과세시가표준액', 토지는 '토지과세시가표준액'을 각각 사용하며, 토지와 건물의 기준시가를 구분하여 적용하고 있습니다.

1) 공시가격(국세): 양도소득세, 종합부동산세
　- 2월 01일 공시 : 표준지 공시지가 공시
　- 4월 30일 공시 : 아파트 등 주택가격 공시
　- 5월 31일 공시 : 토지 개별공시지가 공시

　주택 및 토지에 대하여 같은 법에 따라 공시된 가액을 말합니다.

2) 개별공시지가
　표준지공시지가를 기준으로 하여 산정한 개별토지에 대한 단위면적당(원/1㎡) 가격입니다.

3) 과세시가표준액 (지방세)
　지방세를 부과하는 기준이 되는 토지 및 건물의 가격을 말합니다.

2
'기준시가 변동일'을 활용한 절세 타이밍

절세를 위해서는 '기준시가의 변동일'을 고려하여 거래 시점, 즉 잔금 청산일을 결정해야 합니다.

기준시가의 변동은 공개된 고시에 따라 이루어지므로, 해당 고시일을 반드시 염두에 두어야 합니다. 일반적으로 국세의 기준시가나 지방세의 시가표준액은 특별한 경우를 제외하면 지속적으로 상승해왔습니다. 예를 들면, 2025년 4월 30일이 주택공시가격의 변동고시일이면 2025년 4월 30일분부터는 변동된 금액을 적용하여야 합니다.

대체로 매년 1월 1일은 개정된 각종 개별 세법의 시행일일 뿐만 아니라, 일반건축물의 시가표준액과 상가·오피스텔의 기준시가(토지 및 건물 포함 가격)가 고시되는 날입니다. 또한, 매년 4월 30일은 아파트·단독주택·빌라 등 주택류의 기준시가 변경 고시일, 매년 5월 31일은 토지의 개별공시지가 고시일입니다. 이처럼 기준시가의 고시일과 양도소득세의 잔금청산일이 겹치는 경우, 양도소득세는 물론 재산세 및 종합부동산세 측면에서도 절세를 위해 합리적인 시기 조정이 필요합니다.

예를 들면, 양도소득세의 경우, 취득 시기가 오래되어 매입계약서를 분실한 경우, 과거 매입가격을 기준시가 변동 추이를 통해 역산하여 매입가격으로 적용하게 됩니다. 따라서 기준시가의 변동일 전후의 거래는 세금 부담에 차이를 초래할 수 있으므로, 사전에 충분한 비교와 검토가 필요합니다. 다만, 신축·증축 후 5년이 되지 않은 양도의 경우에는 5%의 가산세가 부과되므로, 취득일 이후 최소 10년 이상의 오랜 기간이 지난 거래인 경우 더욱 유리하게 적용될 수 있습니다.

3
부가가치세와 상속·증여세 절세 전략

건물 등 부가가치세 과세 대상 부동산을 일괄 매매할 경우, 매도자는 기준시가를 활용하여 건물분과 토지분을 안분하여 납부할 부가가치세를 전략적으로 조정합니다. 매수자 또한 기준시가를 활용하여 건물분과 토지분을 안분함으로써, 향후 상속세·증여세 등 미실현 자본이득세 절세의 첫 단추를 잘 꿰어야 합니다.

1) 원칙
실제 거래가액 기준

2) 예외
안분 계산이 필요한 경우

① 안분 사유

- 실거래가액에서 건물과 토지의 가액 구분이 불분명한 경우
- 실거래가로 구분한 금액과 기준시가 등으로 계산한 안분금액이 30% 이상 차이나는 경우 (단, 건물을 철거하고 토지만 사용할 목적인 경우, 다른 법령에 따라 정한 가액으로 명확히 구분된 경우에는 예외 적용)

② 안분 계산 순서

- 감정가액이 있으면 감정가액 비율로 안분
- 기준시가가 있으면 기준시가 비율로 안분
- 기준시가가 없으면 장부가액(또는 취득가액)으로 안분 후, 기준시가가 있는 자산은 다시 기준시가로 안분
- 위 기준 모두 적용 불가 시, 국세청 지침에 따라 안분

• 안분 기분 우선순위: 1순위 감정가액 → 2순위 기준시가 → 3순위 장부가액 → 4순위 취득가액

3) 포괄양수도 특약 활용 시

일괄매매 시 원칙적으로 기준시가에 따라 건물분에 대해 부가가치세 10%를 납부해야 하지만, '사업의 포괄양수도'로 특약을 명시하면 부가세 거래징수 의무 자체가 면제됩니다.

• 세법상 사업의 포괄양수도 요건도 충족해야합니다.

4) 전략적 안분 조정 가능 범위

기준시가 등을 통한 안분 결과는 ±30% 범위(70%~130%) 내에서 재량 조정이 가능하므로, 세금 전략에 맞는 초기 설정이 중요합니다.

4 양도소득세 실제 계산 사례

1) 취득가격 환산

부산에 사는 A씨는 부모님께서 오래 전에 직접 지으신 토지와 건물을 이번에 100억 원에 매도하였습니다. 매도가액은 확인되나, 토지 매입가액과 건축가액이 불분명한 상황입니다. 이렇게 취득가액의 확인이 불분명한 경우에는 양도당시 및 취득당시 기준시가를 활용하여 취득가액을 추정할 수 있습니다. (기준시가: 기준시가가 공시되기 전의 기준시가는 지방세 과세시가표준액으로 기준시가 자체를 산정해내야 합니다. 또한, 기준시가는 공급계약 체결일 기준의 가액을 적용합니다.)

취득가격 환산사례

양도시 실지거래가액: 800억 원

취득시 실지거래가액: 알 수 없음

양도시 기준시가: 400억 원 (토지 320억 원, 건물 80억 원)

취득시 기준시가: 100억 원 (토지 60억 원, 건물 40억 원)

$$\text{추정 취득가액} = \text{토지·건물의 양도가액} \times \frac{\text{취득당시의 기준시가}}{\text{양도당시의 기준시가}}$$

위의 계산 식을 사례에 적용시켜 본다면,

토지와 건물의 취득가액은 200억 원(800억 원 × 100억 원 / 400억 원)이 되고, 토지와 건물의 양도차익은 600억 원(800억 원 - 200억 원)이 됩니다.

실무상 취득가액 환산계산시 주의사항

① 취득가격을 환산하여 추정하는 경우

취득 당시의 필요경비를 취득 당시 기준시가의 3%를 인정해주는 개산공제 제도를 적용하여야 하므로, 실제 필요경비는 사용할 수가 없다.

② 환산 취득가액보다 자본적지출액 등이 큰 경우

실지거래가액을 인정·확인할 수 없는 경우로서 매매사례가액·감정가액·환산가액으로 계산한 취득가액보다 자본적 지출액과 양도비가 큰 경우에는 큰 금액인 자본적 지출액을 필요경비로 할 수 있다.

③ 감정가액 또는 환산취득가액 적용에 따른 가산세

거주자가 건물을 신축 또는 증축[13] 하고, 그 건물의 취득일 또는 증축일부터 5년 이내에 해당 건물을 양도하는 경우로서 감정가액 또는 환산취득가액[14]을 그 취득가액으로 하는 경우에는 해당 건물의 감정가액 또는 환산취득가액의 100분의 5에 해당하는 금액을 가산세로 부과하고, 동 가산세는 양도소득 산출세액이 없는 경우에도 적용하므로 주의할 필요가 있다.

---

[13] 증축의 경우 바닥면적 합계가 85㎡를 초과하는 경우에 한정한다.
[14] 가산세 부과시는 증축의 경우 증축한 부분에 한정하여 안분계산한다.

2) 일괄매도가액 안분

강남에 사는 B씨는 400억 원에 구입했던 토지와 건물을 함께 800억 원에 매도하여 전체 실지거래가액은 확인되나, 토지와 건물 자산별로 가액 구분이 불분명한 상태입니다. 이렇게 가액의 구분이 불분명한 경우에는 양도 및 취득 당시의 시가인정액을 순차적으로 적용한 가액으로 안분계산하게 됩니다. (시가인정액 적용순서: 감정평가액 → 기준시가 → 장부가액 → 취득가액)

일괄매도금액 안분사례

양도시 실지거래가액: 800억 원

취득시 실지거래가액: 400억 원

양도계약체결시 기준시가: 400억 원 (토지 320억 원, 건물 80억 원) (80% : 20%)

양도잔금청산시 기준시가: 410억원 (토지 330억 원, 건물 80억 원)

취득시 기준시가: 200억 원 (토지 120억 원, 건물 80억 원) (60% : 40%)

토지 안분 계산식

$$\text{토지의 양도가액} = \text{일괄 양도가액} \times \frac{\text{양도당시의 토지 시가인정액}}{\text{양도당시의 총 시가인정액}}$$

$$\text{토지의 취득가액} = \text{일괄 취득가액} \times \frac{\text{취득당시의 토지 시가인정액}}{\text{취득당시의 총 시가인정액}}$$

토지의 양도차익 = 토지의 양도가액 - 토지의 취득가액
= [800억 × 320억 / 400억] - [400억 × 120억 / 200억] = 400억

건물 안분 계산식

$$\text{건물의 양도가액} = \text{일괄 양도가액} \times \frac{\text{양도당시의 건물 시가인정액}}{\text{양도당시의 총 시가인정액}}$$

$$\text{건물의 취득가액} = \text{일괄 취득가액} \times \frac{\text{취득당시의 건물 시가인정액}}{\text{취득당시의 총 시가인정액}}$$

건물의 양도차익 = 건물의 양도가액 - 건물의 취득가액
= [800억 × 80억 / 400억] - [400억 × 80억 / 200억] = 0억

건물분 부가가치세 계산식

$$\text{건물분 부가가치세} = \text{건물의 양도가액} \times 10\%$$

건물분 부가가치세 = [800억 × 80억 / 400억] = 160억 × 10% = 16억

따라서 총 자금소요액은 부가가치세를 포함하여 816억 원(양수인 입장에서 토지+건물 800억 원에 건물분 부가세 16억까지 추가하여 816억 원)이 됩니다.

- 기준시가: 양도 및 취득 시, 모두 공급계약 체결일 기준의 가액을 적용함
- 토지·건물 실지거래가액에 대한 안분계산법 적용 예외사유
- 다른 법령에서 정하는 바에 따라 토지와 건물 등의 가액을 구분한 경우
- 토지와 건물 등을 함께 취득한 후 건물 등을 철거하고 토지만 사용하는 경우

> **실무상 안분계산시 주의사항**
>
> 토지와 건물을 함께 양도하거나 취득한 경우, 납세자가 각각의 가액을 구분하여 신고하더라도, 그 가액이 국세청 기준시가에 따른 안분가액과 30% 이상 차이가 나면 '가액 구분이 불분명한 경우'로 간주되어 기준시가에 따라 안분한 가액이 공급가액으로 적용됩니다.
>
> 따라서 일괄 양도가액을 토지와 건물로 안분할 때에는, 양쪽 모두 70%~130% 범위 내에 있도록 산정해야 합니다.

[절세 궁금증, 싹 다 풀어드립니다!]

Q1

기준시가는 언제 적용하나요?

양도소득세 신고 시, 실거래가를 기재하지 않았거나 사실과 다르게 신고한 경우와 상속 또는 증여 재산의 시가를 산정하기 어려운 경우에 기준시가를 과세 표준으로 활용합니다.

Q2

기준시가는 어디서 조회하나요?

기준시가는 아래 기관의 홈페이지를 통해 조회할 수 있습니다.

① **국토교통부 부동산 공시가격 알리미**

→ 공동주택, 단독주택, 토지의 기준시가 조회 가능

→ https://www.realtyprice.kr

② **국세청 홈택스**

→ 오피스텔, 상업용 건물 등 기준시가 조회 및 계산 방법 안내

→ https://www.hometax.go.kr

(기준시가는 세법상 실거래가를 대신하는 보조적 기준이므로, 과세 정확성을 높이기 위해 관계 기관의 공시자료를 확인하는 것이 중요합니다.)

부동산 관련 사이트

부동산 시세 및 거래 정보

- **한국부동산원(KAB)**: 시세, 통계, 부동산테크 관련 서비스 제공
- **국토교통부 실거래가 공개시스템**: 아파트, 단독주택, 토지 등의 실거래가 조회
- **국민은행 KB 시세**: KB국민은행의 부동산 시세 정보 제공
- **공시가격 알리미**: 국토교통부와 한국부동산원이 운영하는 공시가격 조회 서비스
- **렌트홈 서비스**: 주택임대사업 관련 정보조회 사이트로 민특법 적용 임대료 5% 증액 제한 월세 인상분 자동계산 등 유용한 기능이 많습니다.
- **경기부동산포털**: 경기도 부동산에 대한 각종 조회 등 경기도 부동산 관련 종합 사이트
- **부동산거래관리시스템(국토교통부 운영)**: 전·월세, 매매 등 부동산 거래신고 등을 온라인으로 할 수 있는 사이트로 실무에 유용한 기능이 많습니다. (rtms.molit.go.kr)

법령 관련 시스템

- **국가법령정보시스템**: 각종 법령·제도 정보 제공

토지 및 지적 관련 정보 플랫폼

- **토지이음(토지이용규제정보서비스)**: 지적도, 토지 규제 및 계획 정보 제공
- **온나라 부동산포털** (http://www.onnara.go.kr)
- **토지이용 규제정보서비스** (http://luris.molit.go.kr)
- **서울 부동산 정보광장** (http://land.seoul.go.kr)

공적 서류발급서비스

- **대법원 인터넷 등기소**: 부동산등기부, 법인등기부 등 열람·조회·발급 서비스 (http://www.iros.go.kr)

- **정부24**: 주민등록등. 초본, 가족관계등록부, 자동차등록증 등 각종 민원서류 열람·조회·발급 서비스 (http://www.plus.gov.kr)

경매, 공매 정보 사이트

- **법원경매정보**: 대법원 경매 및 공매 정보 열람·조회·발급 서비스 (http://www.courtauction.go.kr)

1. 부담부증여란 무엇인가?
2. 친족 증여공제 한도 알아두기
3. 부담부증여 절세가 유리한 경우
4. 일반증여 vs 부담부증여, 세액 비교

[절세 궁금증, 싹 다 풀어드립니다!]

8강

부담부증여, 최적 절세 타이밍 찾기

1
부담부증여란 무엇인가?

　1장에서도 언급했듯이, 양도소득세는 과세 대상 자산이 등기 또는 등록 여부와 관계없이, 매도·교환·법인에 대한 현물출자 등으로 사실상 유상 이전되는 경우에 부과됩니다. 과세 대상 자산에는 토지·건물 등 부동산, 입주권·분양권·등기된 임차권 등 부동산에 대한 권리, 그리고 비상장주식 등이 포함됩니다. 양도소득세 과세 대상 자산을 증여하는 경우, 해당 자산에 담보된 채무를 수증자가 인수하는 '부담부증여'에 해당하면, 전체 증여가액 중 채무액에 해당하는 부분은 유상 이전으로 간주되어 양도소득세 과세 대상이 됩니다. 이때는 채무액이 전체 자산가액에서 차지하는 비율에 따라 안분하여, 해당 부분 만큼을 양도로 보게 됩니다. 따라서, 양도소득세 과세 대상 자산을 채무와 함께 증여하는 경우, 증여(증여재산가액 - 채무액)에 해당될 뿐만 아니라, 양도(채무액)에도 해당됩니다.

2
친족 증여공제 한도 알아두기
(=비과세 금액)

현행 세법상 친족증여공제 한도금액 (=비과세 금액)

증여자	수증자		공제금액
배우자	배우자		6억 원
직계존속	직계비속	미성년자	2천만 원
		성년자녀	5천만 원
직계비속	직계존속		5천만 원
기타친족	기타친족		1천만 원

3
부담부증여 절세가 유리한 경우

1) 양도소득세가 최고세율이 적용되는 경우에 특히 유리하며, 실질적인 절세 효과를 기대할 수 있습니다.

양도소득세가 최고 세율인 45%에 해당하는 경우, 부담부증여를 활용하면 절세에 도움이 될 수 있습니다. 그 이유는, 시세차익 중 일부가 증여세 과세 대상으로 넘어가면서, 전체 금액에 대해 일괄적으로 최고세율(45%)의 양도소득세를 내는 것보다 세부담이 줄어들 수 있기 때문입니다. 즉, 배우자공제 6억 원 등 각종 증여세 비과세 혜택을 먼저 적용한 후, 남은 과제 대상 금액에 대해서만 양도소득세를 계산하면, 증여세와 양도소득세를 분산해 부담하는 구조가 되어 전체 세금을 줄이는 효과를 기대할 수 있습니다.

2) 부담부증여 시 실무상 자주 실수하는 포인트

부담부증여에서 부담분은 유상양도로 간주되어 양도소득세가 과세됩니다. 이 부분은 단순 증여와 달리 양도소득세 10년 이월과세가 적용되지 않으므로 주의해야 합니다. 따라서, 부담부 증여를 활용한 절세 전략을 세울 때에는 증여세 절감 효과뿐 아니라, 단기간 내 매도 가능성까지 고려한 양도소득세 부담도 함께 따져야 전체 기간에 걸친 절세 효과를 극대화할 수 있습니다. (양도소득세 이월과세의 적용대상 자산은 증여일로부터 10년 이내(주식은 1년)에 증여받은 토지, 건물, 부동산취득권리 등입니다. 양도차익 계산은 배우자·직계존비속으로부터 증여받은 자산을 양도하는 경우, 증여자의 취득가액을 기준으로 하고, 증여세는 세액공제가 아닌 필요경비로만 인정됩니다.)

① 증여에 따른 취득세 중과 여부에 유의해야 합니다. 증여 당시 해당 주택이 조정대상지역에 있고 공시가격이 3억 원 이상인 경우, 취득세가 12%로 중과될 수 있습니다. 단, 1세대 1주택자가 직계비속에게 증여하는 경우에는 중과 대상에서 제외될 수 있습니다. 반면, 사위나 며느리에게 증여하는 경우에는 취득세 12%의 중과 대상이 될 수 있으므로 특히 주의가 필요합니다.

② 공실 상태에서 증여하는 경우에는 전체를 증여로 보게 되므로, 세입자와의 임대차계약 여부를 반드시 확인해야 합니다.

③ 대출을 승계하면서 증여하는 경우, 수증자의 부채 상환 능력이 없는 것으로 판단되면 부담부증여로 인정되지 않을 수 있습니다. 따라서 수증자를 결정할 때는 소득활동 여부, 보유 재산 등 경제적 능력을 꼼꼼히 검토해야 합니다.

④ 수증자를 확정한 후에는, 증여가액과 양도가액의 적절한 비율(가액 배분)을 설계해야 하므로, 경우에 따라 추가 대출이 필요할 수도 있습니다. 이때는 절세에 가장 유리한 최적의 황금비율을 찾아 진행하는 것이 중요합니다.

⑤ 부담부증여 시, 양도소득세와 증여세의 신고기한은 동일하게 부담부증여일이 속하는 달의 말일로부터 3개월 이내입니다.

증여재산공제 활용 TIP

① 부부간에 증여는 쌍방 각각 6억 원씩 증여공제 가능
② 직계존비속 간에는 쌍방 각각 5천만 원씩 증여공제 가능 (미성년자는 2천만 원)
③ 조부(할아버지)가 아들과 손주에게 각각 증여하더라도, 총 5천만 원까지만 증여공제 가능
④ 증여세 합산과세(누적정산제도): 동일인으로부터 증여받은 재산가액이 10년간 누적하여 천만 원을 초과하는 경우, 증여세는 합산하여 과세
⑤ 증여재산공제(친족공제): 과거 10년간의 증여 내역은 증여자와의 관계에 따라 증여재산공제가 차등 적용
⑥ 사전적인 의미에서 '동일인'은 말 그대로 같은 사람을 뜻하지만, 세법상 '동일인'은 보다 확장된 개념입니다. 즉, 증여자가 직계존속인 경우에는 그 직계존속의 배우자까지 포함하여 동일인으로 보므로, 부와 모 그리고 조부와 조모를 각각 동일인으로 간주됩니다. 또한, 동일인 여부를 판단할 때 배우자의 포함 여부는 항상 '증여일 현재'를 기준으로 판단합니다.

- 계모와 계부는 동일인에 포함되지 않으며, 부와 조부 또한 동일인이 아닙니다.
- 이혼 후 부모로부터 증여받은 재산은 이혼 전 부모로부터 증여받은 재산과 합산 과세 하지 않으며, 부모 중 한쪽이 사망한 경우에도, 생전에 증여받은 재산은 합산 과세 대상이 아닙니다.
- 수증자는 동일인이지만 증여자가 동일인이 아닌 경우, 증여가 발생할 때마다 증여자와 수증자 각각에 대해 별도로 증여세 신고를 해야합니다.
- 증여자 1인, 수증자가 여러 명인 경우에는, 수증자별로 각각 증여세를 신고해야 합니다.

예시)

아버지가 자녀 3명에게 각각 1억 원씩, 3억 원을 동시에 증여한 경우에는?

자녀 1: (1억 - 5천만 원) × 10% = 500만 원
자녀 2: (1억 - 5천만 원) × 10% = 500만 원
자녀 3: (1억 - 5천만 원) × 10% = 500만 원

→ 총 1,500만 원의 증여세가 자녀 3인에게 각각 부과됩니다.

4
일반증여 vs 부담부증여, 세액 비교

- 2015년 1월 1일, 2억 원에 취득하여, 전세보증금 2억 원에 전세를 주고 있는 아파트를 결혼을 앞둔 자녀에게 2025년 1월 10일 부담부증여 할 예정
- 2025년 1월 현재 시가는 5억 원, 1세대 1주택, 비조정지역 내, 기타 자본적 투자나 관련하여 중개사비 등은 부자간 직거래로 필요경비 등은 없음

1) 일반증여

구분	수증자
증여재산가액	5억 원
채무액	-
증여세 과세가액	5억 원
증여재산공제	5천만 원 (직계비속 공제)
증여세 과세표준	4억 5천만 원
세율	× 20% - 누진공제 1천만 원
산출세액	8천만 원
신고세액공제(3%)	240만 원
납부할 세액	77,600,000원

• 관련 세금: **증여세** • 납세의무자: **자녀** • 증여세 신고기한: 2025.4.30.

2) 부담부증여

구분	증여세	구분	양도소득세
증여 재산가액	5억 원	양도가액	2억 원
(채무액)	(2억 원)	(취득가액)	(8천만 원)(안분:2/5)
증여세 과세가액	3억 원	양도차익	1억 2천만 원
(증여재산공제)	(5천만 원)	(기본공제)	(250만 원)
증여세 과세표준	2억 5천만 원	과세표준	1억 1,750만 원
×세율-누진공제	×20%-1,000만 원	×세율-누진공제	×35%-1,544만 원
산출세액	40,000,000원	산출세액	25,685,000원
신고세액 공제(3%)	120만 원	지방세	2,568,500원
납부할 세액	38,800,000원	납부할 세액	28,253,500원

- **총 부담할 세액 = 38,800,000 + 28,253,500 = 67,053,500원**
  - 증여세(38,800,000원) : 자녀가 2025.4.30.일까지 신고납부를 해야 함
  - 양도소득세(28,253,500원) : 부모가 2025.4.30.일까지 신고납부를 해야 함

> 부담부증여로 인한 가족의 절세금액 = (1) - (2) = 10,546,500원
> 부담부증여로 인한 자녀의 자금절감액 = 77,600,000 - 38,800,000 = 38,800,000원

[ 절세 궁금증, 싹 다 풀어드립니다!]

Q1

수증자가 인수하는 채무액이 12억 원 이하이면 고가주택에 해당할까요, 해당하지 않을까요?

주택을 부담부증여하는 경우, 수증자가 인수한 채무액이 12억 원 미만이더라도, 주택 전체의 시가가 12억 원을 초과하면 고가주택으로 간주하고 있습니다.

Q2

담보된 채무가 있는 부동산을 증여받을 때, 해당 채무는 증여세 계산 시 공제받을 수 있을까요?

네. 증여부동산에 담보된 증여자의 채무 중 수증자가 인수한 금액은 증여재산가액에서 차감되며, 해당 부분에 대해 증여세는 과세되지 않습니다. 다만, 수증자가 인수한 채무액에 대해서는 증여자에게 양도소득세가 과세됩니다.

부담부증여로 승계된 채무에 대해 양도소득세를 계산할 때, 양도차익은 어떻게 산정하고 있나요?

양도차익(양도가액에서 취득가액 등 필요경비를 공제하여 산정)은 아래와 같이 계산하고 있습니다.

> **양도가액** = 수증자가 승계한 채무액
>
> **취득가액** = 기존 취득가액 × (채무액 ÷ 증여가액)

- 주의: 증여가액을 기준시가(임대료 등 환산가액 포함)로 산정한 경우, 취득가액도 반드시 동일한 기준시가로 계산해야 합니다.

증여부동산에 담보된 제3자의 채무도 수증자가 인수하면 증여가액에서 차감될까요?

아니요. 증여재산에 담보된 '증여자 본인의 채무'만 수증자가 인수한 경우에 한해 증여재산가액에서 차감됩니다. 따라서, 증여재산에 담보된 제3자의 채무는 수증자가 인수하였더라도 증여재산가액에서 차감되지 않습니다.

1. 겸용주택이란 무엇인가?

2. 2022.1.1. 개정세법 요약

3. 고가주택·상가주택 등 절세 포인트

4. 겸용주택자들이 활용하는 양도소득세 절세방법은?

5. 겸용사업자(상가주택) 양도소득세 실제 계산 사례

[절세 궁금증, 싹 다 풀어드립니다!]

9강

겸용주택,
세금 줄이는 실전 가이드

1
겸용주택이란 무엇인가?

'겸용주택'은 상가주택이나 주상복합건물 등으로도 불리며, 하나의 건물에 주거용 주택과 사무실이나 상가 같은 일반 건물이 함께 있는 형태입니다. 이러한 겸용주택은 연면적의 크기에 따라 세금 계산 방식이 달라질 수 있으며, 양도가액에 따라서도 적용되는 세법 규정이 달라지므로 주의 깊게 살펴볼 필요가 있습니다. 특히 2022년 1월 1일부터 관련 세법이 개정되었는데, 이 개정 규정은 전체 양도가액이 12억 원을 초과하는 경우에만 적용됩니다. 반대로, 양도가액이 12억 원 이하인 경우에는 여전히 종전 규정이 적용됩니다.

2
2022.1.1. 개정세법 요약

1) 2022년 1월 1일 이전의 종전규정

전체 거래가액 12억 원 이하인 경우, 상가 및 주택의 총매매가액이 12억 원 이하인 것이므로, 딱 12억까지는 종전 규정이 적용됩니다. 지하실, 대피소, 계단 등 공용 부분은 사실상의 사용 용도에 따라 판단하되, 용도가 명확하지 않은 경우에는 연면적 비율에 따라 안분하여야 합니다.

① 주택의 연면적 = 상가 연면적
　주택은 주택, 상가는 상가

② 주택 연면적 〈 상가 연면적
　주택은 주택, 상가는 상가

③ 주택 연면적 〉 상가 연면적
　주택은 주택, 상가도 주택! (100% 주택으로 간주됩니다.)

2) 2022년 1월 1일 개정규정의 내용 (2022.1.1.~)

- 주택과 상가를 포함한 전체 거래가액이 12억 원을 초과하는 경우에는, 별도의 조건 없이 주택 부분과 상가 부분을 구분하여 안분 계산해야 합니다.
- 안분 기준은 1차로 토지와 건물로 기준시가에 따라 구분한 후, 2차로 건물 중 일반건물과 주거용 주택을 다시 안분합니다.
- 이렇게 2단계로 안분한 후 산정된 주택 가격을 기준으로 고가주택 해당 여부나 1세대 1주택 양도소득세 비과세 요건 충족 여부를 판단합니다.

▶ 주택의 부수토지 비과세 범위

① 도시지역
- 수도권: 주거지역, 상업지역, 공업지역은 3배수, 녹지지역은 5배수 적용

- 수도권 외 지역: 주거지역, 상업지역, 공업지역, 녹지지역 모두 5배수 적용

② 비도시지역

- 관리지역: 10배수 적용

- 농림지역: 10배수 적용

- 자연환경 보전지역: 10배수 적용

주택과 상가를 서로 용도변경한 경우 주의사항 3가지

① 주택의 연면적이 작았던 겸용주택을 주택 연면적이 더 크도록 용도변경한 경우, 비록 2년이상 1주택 비과세 요건을 충족했다 하더라도, 용도변경으로 증가된 주택부수토지에 대해서는 별도로 2년 보유 요건을 충족해야 비과세 적용이 가능합니다.

② 주택 연면적이 더 컸던 겸용주택을 일시적으로 주택 외의 상가 연면적이 더 크도록 용도변경하여 사용하다가, 양도 전에 다시 주택 연면적이 큰 상태로 변경한 경우, 주택 부분이 큰 기간의 보유기간을 통산하여 2년 이상 요건을 충족했는지를 기준으로 1세대 1주택 비과세 여부를 판단합니다.

③ 판례에 의하면, 자신이 운영하는 점포에 딸린 방은 주택으로 인정되지만, 임대한 점포에 딸린 방은 주택으로 보지 않으며, 또한 건물 옥상에 설치한 관리실은 주택으로 보지 않습니다.

3 고가주택·상가주택 등 절세 포인트

1) 부동산 매매 시 필수 체크 항목

① 주택
- 겸용주택 양도 시, 비과세 산정 기준
- 상속, 봉양, 혼인 등으로 인한 2주택 과세특례
- 비과세 특례를 받기 위한 보유기간 계산의 특례
- 조세특례법상 양도소득세 감면대상 주택인지 검토
- 보유기간 및 거주여부 등 장기보유특별공제의 면밀한 검토

   (1세대 1주택 및 기타의 경우 비교 검토)

② 상가, 건물
- 부가가치세 과세 문제
- 부가가치세 과세제외를 위한 사업의 포괄양수도 요건

③ 특수관계자로부터 증여받은 부동산을 10년 이내 양도 시
- 부당행위 계산의 부인 및 취득가격 이월과세 규정 검토
- 증여세 및 상속세 신고 시 주택 등 부동산의 평가 문제 검토

   (향후 양도소득세 절감을 위해, 매매사례가액 또는 감정가액을 활용한 적극적인 증여세·상속세 신고)

- 부담부증여 시, 증여자의 양도소득세와 수증자의 증여세 및 취

득세 등을 모두 고려하여, 가족 전체의 세금 부담 규모를 종합적으로 검토해야 합니다.

④ 주택 신축판매의 경우 부가가치세 및 종합소득세
- 다중 주택의 경우 부가가치세 과세 문제
- 양도세 대신 사업소득으로 과세 받기 위한 사업자등록 문제 등

2) 고가주택의 정의와 절세 포인트

① 고가주택의 정의

주택과 그에 딸린 부수토지를 양도할 때의 실제 거래가액 합계가 12억 원을 초과하는 주택을 고가주택으로 분류합니다.

(단, 고가 여부는 건물 전체의 실거래가 기준으로 판단하므로, 타인 지분을 포함한 전체 양도가액 기준임에 유의하여야 합니다.)

② 고가주택 판정 사례(절세 포인트)

- 단독으로 보는 다가구 주택

  하나의 단위로 매매 시 그 전체를 하나의 주택으로 봅니다.

- 공동소유 주택

  그 소유 지분에 관계없이 1주택 전체를 기준으로 12억 초과 여부를 판단합니다.

- **상가주택(겸용주택)**

    2022년 1월 1일부터 완전히 별개로 계산되므로 의미는 없어졌으나, 거래가 12억 이하는 여전히 종전규정을 적용하므로 유심히 살펴볼 필요가 있습니다.

- **부담부증여하는 경우**

    시가가 14억 원, 전세보증금 8억 원인 경우, 양도가액이 8억 원이지만 해당 주택가격은 14억 원이므로 고가주택에 해당합니다.

- **해당 주택 및 부수 토지가 시차를 두고 수용되는 경우**

    그 전체를 하나의 거래, 즉 하나의 주택으로 봅니다.

- **1세대 1주택 비과세요건을 갖춘 고가주택이 감면대상 신축주택인 경우**

    고가주택 양도차익 계산 후 그 산출세액에 신축주택 감면을 중복 적용합니다.

3) 상가주택의 정의와 절세 포인트

① 상가주택의 정의

1세대 1주택 비과세 규정을 적용할 때, 하나의 건물이 주택과 주택 외의 용도로 구성된 겸용주택이거나, 하나의 울타리 내에 주택과 주택 외의 건물이 있는 경우에는 그 전부를 주택으로 간주합니다. 단, 주택의 연면적이 주택 외 연면적보다 작거나 같은 경우, 주택 외 부분은 주택으로 보지 않습니다.

- 주택의 연면적 〉 주택 외 연면적 → 전부를 주택으로 봄
- 주택의 연면적 ≤ 주택 외 연면적 → 주택 부분만 주택으로 봄

2022년 1월 1일 이후, 양도가액이 12억 원을 초과하는 고가 겸용주택의 경우에는, 주택 연면적이 주택 외 상가 등 연면적 보다 크더라도 주택 부분만 주택으로 보고 양도차익을 계산하도록 세법이 개정되었습니다.

② 상가주택 절세포인트

- 사례

정년퇴직한 A씨는 안정적인 노후 생활을 위해 거주 중인 지방의 단독주택을 철거하고, 4층짜리 주상복합건물을 신축하여 1개 층은 직접 사용하고 나머지 층은 임대해 노후자금으로 활용하고자 한다. A씨는 향후 해당 건물 양도 시 양도소득세 과세를 피하고자 비과세 요건에 맞게 건축을 계획하고 있는데, 어떻게 신축해야 할까?

- 절세포인트

겸용주택의 경우, 총 양도가액이 12억 원 이하이고 주택의 연면적이 주택 외의 연면적보다 큰 경우, 전체를 주택으로 간주하여 1세대 1

주택 비과세 혜택을 받을 수 있습니다. 따라서 신축 시 주택 부분의 연면적을 조금이라도 더 크게 설계하는 것이 절세의 핵심입니다.

예를 들어, A씨가 지하 1층, 지상 4층의 건물을 신축하면서 1·2층을 상가 등 주택 외, 3·4층을 주택으로 계획할 경우, 지하층에 '주거용 공간'을 포함시키거나, 지하에 방을 둘 수 없다면 옥상에 옥탑방 등 주거용 공간을 추가해 주택의 연면적을 늘리는 방법이 있습니다. 단, 이 방안은 세금 측면만을 고려한 것이므로, 건축법상 규제, 수익성, 건축비용 등 제반 사항을 종합적으로 검토해야 합니다.

상가주택

① 1세대 1주택 해당여부를 판단할 때, 임대 중인 상가 등 영업용 건물에 딸린 주거용 방은 주택으로 보지 않습니다.

② 주택 해당 여부는 공부상의 용도와 무관하게, 실제 구조와 사용 형태를 기준으로 판단합니다. 다만, 사용 용도가 불분명한 경우에는 공부상 용도에 따릅니다.

③ 겸용주택의 지하실은 실제 사용 용도에 따라 주택 또는 비주택으로 판단하며, 사용 용도가 불명확한 경우에는 주택 연면적과 주택 외의 연면적의 비율에 따라 안분 계산합니다.

④ 2층 겸용주택의 경우, 2층 주택에 오르기 위한 2층 전용계단이 1층에 설치된 경우, 해당 계단 부분은 주택으로 봅니다.

⑤ 겸용주택에 부설된 계단 등 시설물은 사실상의 사용 용도에 따라 구분하되, 용도가 불명확한 경우에는 주택면적과 주택 외 연면적 비율로 안분 계산합니다.

⑥ 판례에 따르면, 점포 등 직접 운영하는 가게에 딸린 방은 주택으로 보지만, 임대 중인 점포에 딸린 방은 주택으로 보지 않습니다. 또한, 건물 옥상에 있는 관리실은 주택이 아닌 영업용 사무실로 간주함에 유의해야 합니다.

4) 다가구주택과 다세대주택의 정의와 절세 포인트

① 다가구주택의 정의

건축법상 지상 3층 이하, 바닥면적 660㎡ 이하, 세대수 19세대 이하 요건을 모두 갖춘 주택을 말합니다. 또한, 공동주택에 해당하지 아니한 것을 말하며, 한 가구가 독립하여 거주할 수 있도록 구획된 부분을 각각 하나의 주택으로 간주합니다.

② 다세대주택의 정의

주택으로 쓰는 1개 동의 바닥면적 합계가 660㎡ 이하이고, 주택으로 쓰는 층수가 4개 층 이하인 주택을 말합니다. (단, 2개 이상의 동을 지하주차장으로 연결하는 경우에는 각각의 동으로 봅니다.)

③ 용도변경 사례

- 다세대주택 → 다가구주택

용도변경 후 하나의 매매단위로 양도하는 경우에는, 용도변경일로부터 2년 이상 보유한 후 양도해야 하며, 조정대상지역의 경우에는 2년 이상 거주 요건도 추가로 충족해야 합니다. 이 요건들을 만족하면 해당 주택과 그 부수토지 전체를 1주택으로 보아 비과세 여부를 판단합니다.

- 다가구주택 → 다세대주택 → 다가구주택

용도변경이 있더라도 소유자 변경 없이 공부상의 용도만 변경된 경우에는, 실질에 따라 용도변경 전후의 주택 보유기간을 전체 통산할 수 있습니다.

- **다가구주택 → 다세대주택**

  이 경우에는 먼저 양도하는 주택은 과세 대상이 되며, 마지막으로 양도하는 1주택에 대해서는 2년 이상 보유(조정대상지역은 2년 이상 거주) 여부에 따라 양도소득세 비과세 적용 여부를 판단합니다.

- **일반건축물 → 다세대주택 → 일반인에게 분양하는 경우**

  사업소득이므로 양도소득세가 아닌 종합소득세가 과세 됩니다.

> **2025년 양도소득세 개정세법 특이사항 ⑤**
>
> **용도변경시 주의사항**
>
> 주택에서 상가 등 비(比)주택으로 용도변경시 1세대 1주택 적용이나 장기보유특별공제 계산시의 판단기준 시점은?
>
> - 원칙: 주택의 양도일
> - 예외: 매매계약에 따라 주택에서 상가 등 비(比)주택으로 용도변경시는 매매계약일 가능

4
겸용주택자들이 활용하는
양도소득세 절세방법은?

1) 건물 유형 확인부터 시작

먼저 해당 건물이 다가구주택인지 다세대주택인지 여부를 확인해야 합니다.

2) 기준시가 안분 시 비율 유지

거래가격을 기준시가로 안분할 때에는 70%~130% 범위 내에서 정상적인 안분 비율을 유지합니다.

3) 부가가치세 부담이 과도할 경우, 포괄양수도 검토

안분 후 건물분에 대한 부가가치세 부담이 과도한 경우, 포괄양수도계약을 검토할 수 있습니다. 포괄양수도란, 부동산만의 매매가 아닌 부동산을 포함한 사업자체의 통매매로 보아서 부가가치세 과세 대상 재화의 공급거래에서 제외를 해주고 있습니다. 다음의 경우는 포괄적 승계로 봅니다.

① 사업 부분별 양도 및 사업 변경 시 포괄양수도로 인정되는 경우
 - 「법인세법」에서 정한 세제적격 분할 요건을 충족하는 경우
 - 「조세특례제한법」상 요건을 충족한 자산의 포괄적 양도의 경우

- 양수자가 기존에 승계받은 사업 외에 새로운 업종을 추가하거나 업종을 변경한 경우에도, 해당 사업을 포괄적으로 승계한 것으로 간주합니다.

② **권리와 의무 중 제외하여도 되는 경우**
사업장별로 그 사업에 관한 권리와 의무 중 다음 각 호의 것을 포함하지 아니하고 승계시킨 경우에도 해당 사업을 포괄적으로 승계한 것으로 봅니다.
- 미수금 (예: 차량 매각대금 등)
- 미지급금 (예: 차량 매수대금 등)
- 해당 사업과 직접 관련이 없는 토지·건물 등에 관한 것으로서, 이 자산은 사업자 유형에 따라 아래 기준에 따라 판단합니다.
  ⅰ) 사업양도자가 법인인 경우 : 법인세법 시행령에 따른 자산
  ⅱ) 사업양도자가 법인이 아닌 사업자인 경우 : 위 법인의 자산에 준하는 자산

4) 주택가격 조정 전략 마련
1세대 1주택자 여부, 장기보유특별공제 적용 가능성 등을 고려하여 주택가격을 전략적으로 조정할 수 있습니다.
- 양도가액 12억 원 이하는 주택의 연면적이 더 크면 상가를 포함한 전체를 비과세로 적용받을 수 있습니다.
- 다주택 중과 규정이 적용되는 경우라도, 겸용주택의 경우 주택

면적이 상가 면적보다 크다면 상가 부분에는 중과 규정이 적용되지 않습니다. 따라서 용도변경 등의 방법을 적극적으로 활용할 수 있습니다.

5) 다가구주택: 단독보유 전략 유리

다가구주택은 자금 여력이 있는 경우 단독 건축 형태로 진행할 수 있으며, 양도소득세 비과세 요건 충족이 비교적 쉬운 장점이 있습니다.

6) 다세대주택: 분양 유리하나 다주택 리스크 존재

다세대주택은 개별 등기가 가능해 자금이 부족한 건축주가 분양을 통해 자금을 조달하기에 유리하지만, 향후 다주택자로 분류될 수 있어 양도세 부담이 커질 수 있으므로 전용면적을 조정하여 다주택 중과를 피할 수 있는 방법을 검토할 필요가 있습니다.

5 겸용사업자(상가주택) 양도소득세 실제 계산 사례

1) 건물전체의 양도소득세 계산
(1세대 내에 다른 주택은 보유하지 않고 있으며, 주택의 연면적은 60%, 상가의 연면적은 40%인 경우로서 취득가액 3억 원, 양도가액 12억 원이다.)

예시 자료	
취득시기 및 취득가액	2012년 3월 20일 (3억)
양도시기 및 양도가액	2024년 6월 30일 (12억)
예시 상황	은퇴하고 노후를 보내고 있는 김씨는 다른 주택을 보유하지 않고 상가주택 1채만 보유하고 있는 1세대 1겸용주택자로서 해당 겸용주택은 주택의 연면적(60%)이 상가의 연면적(40%)보다 큰 경우(초과인 경우)입니다. 김씨는 2012년 3월 20일, 3억에 취득한 상가주택 관리가 손이 많이 가고 불편한 점이 많아 2024년 6월 30일, 9억의 시세차익을 내면서 12억에 매도하였습니다. 이때 김씨가 내야 하는 양도소득세는 얼마일까요?
이해 포인트	겸용주택, 일명 상가주택의 경우, 2022년 세법개정에도 불구하고 겸용주택의 1세대 1주택 비과세 요건 충족 시, 매매가 12억 원까지는 2022년 이전의 개정 전 세법이 적용되어 주택 부분의 연면적이 상가 등 주택외 부분의 연면적을 초과하는 경우 양도소득세가 상가부분을 포함하여 전액 비과세 됩니다. • 주택의 연면적 > 주택 외 연면적 → 전부를 주택으로 봄 • 주택의 연면적 ≤ 주택 외 연면적 → 주택 부분만 주택으로 봄

계산표	
양도가액	1,200,000,000원
(취득가액)	(300,000,000원)
(필요경비)	설비비·개량비 = 20,000,000원　　양도비용 = 18,000,000원 자본적 지출 = 60,000,000원　　법무사비 = 2,000,000원 소계 = (100,000,000원)
= 양도차익	1,200,000,000원 - 300,000,000원 - 100,000,000원 = 800,000,000원
비과세 양도차익	800,000,000원 × (1,200,000,000원/1,200,000,000원) = 800,000,000원
과세대상 양도차익	800,000,000원 - 800,000,000원 = 0원
(장기보유특별공제)	0원
양도소득금액	0원
(양도소득기본공제)	0원
과세표준	0원
(×) 세율-누진공제	0원
산출세액	0원
지방소득세 (10%)	0원　　　　　　* 지방소득세: 과거 주민세의 명칭변경
총 부담할 세액	0원

2) 주택부분(40%)의 양도소득세 계산

(1세대 내에 다른 주택은 보유하지 않고 있으며, 주택의 연면적은 40%, 상가의 연면적은 60%인 경우로서 건물 전체에 대한 취득가액 8억 원, 건물 전체에 대한 양도가액 30억 원이다.)

예시 자료	
취득시기 및 취득가액	2004년 3월 20일, 3.2억 원 (8억 × 40% = 3.2억 원)
양도시기 및 양도가액	2024년 6월 30일, 12억 원 (30억 × 40% = 12억 원)
예시 상황	은퇴하고 노후를 보내고 있는 김씨는 다른 주택을 보유하지 않고 상가주택 1채만 보유하고 있는 1세대 1겸용주택자입니다. 해당 겸용주택은 주택의 연면적(40%)이 상가의 연면적(60%)보다 작은 경우(미만인 경우)입니다. 김씨는 2004년 3월 20일, 8억에 취득한 상가주택 관리가 손이 많이 가고 불편한 점이 많아 2024년 6월 30일에 22억의 시세차익을 내면서 30억에 매도하였습니다. 이때 김씨가 내야 하는 주택(40%)에 대한 양도소득세는 얼마일까요? (연면적 기준으로 양도가격을 일괄 안분하였습니다.)
이해 포인트	2022년 세법 개정으로, 전체 양도가격이 12억을 초과하는 경우, 양도소득세 계산은 철저히 주택과 상가를 구분하여 따로따로 산정합니다. 또한 주택은 1세대 1주택 비과세 요건 충족 시, 주택분 매매가 12억까지는 양도소득세 1세대 1주택 비과세가 적용되며, 상가분 매매가에 대해서는 일반적인 양도소득세 계산에 따라 세액을 산정하면 됩니다. 2022년 세법 개정 이후에 양도를 하였기 때문에(양도시점: 2024년 6월 30일), 아래의 개정 내용에 따릅니다. (개정세법 적용시기: 2022년 1월 1일부터~) ① 주택의 연면적 = 상가 연면적 : 주택은 주택, 상가는 상가 ② 주택 연면적 < 상가 연면적 : 주택은 주택, 상가는 상가 ③ 주택 연면적 > 상가 연면적 : 주택은 주택, 상가도 주택! 따라서 철저히 상가와 주택을 구분하여 계산합니다.

계산표	
양도가액	1,200,000,000원
(취득가액)	(320,000,000원)
(필요경비)	설비비·개량비 = 120,000,000원 양도비용 = 18,000,000원 자본적 지출 = 60,000,000원 법무사비 = 2,000,000원 소계 = (200,000,000원) × 40% = (80,000,000원)
= 양도차익	1,200,000,000원 - 300,000,000원 - 100,000,000원 = **800,000,000원**
비과세 양도차익	800,000,000원 × (1,200,000,000원/1,200,000,000원) = 800,000,000원
과세대상 양도차익	800,000,000원 - 800,000,000원 = 0원
(장기보유특별공제)	0원
양도소득금액	0원
(양도소득기본공제)	0원
과세표준	0원
(×) 세율-누진공제	0원
산출세액	0원
지방소득세 (10%)	0원 • 지방소득세: 과거 주민세의 명칭변경
총 부담할 세액	0원

3) 상가부분(60%)의 양도소득세 계산
(1세대 내에 다른 주택은 보유하지 않고 있으며, 주택의 연면적은 40%, 상가의 연면적은 60%인 경우로서 건물 전체에 대한 취득가액 8억 원, 건물 전체에 대한 양도가액 30억 원이다.)

예시 자료	
취득시기 및 취득가액	2004년 3월 20일, 4.8억 원 (8억 × 60% = 4.8억 원)
양도시기 및 양도가액	2024년 6월 30일, 18억 원 (30억 × 60% = 18억 원)
예시 상황	은퇴하고 노후를 보내고 있는 김씨는 다른 주택을 보유하지 않고 상가주택 1채만 보유하고 있는 1세대 1겸용주택자입니다. 해당 겸용주택은 주택의 연면적(40%)이 상가의 연면적(60%)보다 작은 경우(미만인 경우)입니다. 김씨는 2004년 3월 20일, 8억에 취득한 상가주택 관리가 손이 많이 가고 불편한 점이 많아 2024년 6월 30일에 22억의 시세차익을 내면서 30억에 매도하였습니다. 이때 김씨가 내야 하는 상가(60%)에 대한 양도소득세는 얼마일까요? (연면적 기준으로 양도가격을 일괄 안분하였습니다.)

이해 포인트	2022년 세법 개정으로, 전체 양도가격이 12억을 초과하는 경우, 양도소득세 계산은 철저히 주택과 상가를 구분하여 따로따로 산정합니다. 또한 주택은 1세대 1주택 비과세 요건 충족 시, 주택분 매매가 12억까지는 양도소득세 1세대 1주택 비과세가 적용되며, 상가분 매매가에 대해서는 일반적인 양도소득세 계산에 따라 세액을 산정하면 됩니다.
	
	2022년 세법 개정 이후에 양도를 하였기 때문에(양도시점: 2024년 6월 30일), 아래의 개정 내용에 따릅니다.
	(개정세법 적용시기: 2022년 1월 1일부터~)
	
	① 주택의 연면적 = 상가 연면적
	  : 주택은 주택, 상가는 상가
	② 주택 연면적 〈 상가 연면적
	  : 주택은 주택, 상가는 상가
	③ 주택 연면적 〉 상가 연면적
	  : 주택은 주택, 상가도 주택!
	
	따라서 철저히 상가와 주택을 구분하여 계산합니다.

계산표	
양도가액	1,800,000,000원
(취득가액)	(480,000,000원)
(필요경비)	설비비·개량비 = 120,000,000원 양도비용 = 18,000,000원 자본적 지출 = 60,000,000원 법무사비 = 2,000,000원 소계 = (200,000,000원) × 60% = (120,000,000원)
= 양도차익	1,800,000,000원 - 480,000,000원 - 120,000,000원 = 1,200,000,000원
비과세 양도차익	1,200,000,000원 × (0/1,200,000,000원) = 0원 　　　　　　　　　* 상가 부분은 양도소득세 비과세가 적용될 여지가 없음
과세대상 양도차익	1,200,000,000원
(장기보유특별공제)	(360,000,000원) 　　　　　　　　　　* 1,200,000,000 × 30% = 360,000,000 * 20년을 보유하였기 때문에 20년×2% 해서 40%가 공제된다 생각할 수 있지만, 　상가 등 일반부동산은 장기보유특별공제는 15년 30%가 최대 공제금액임
양도소득금액	840,000,000원
(양도소득기본공제)	(2,500,000원)
과세표준	837,500,000원
(×) 세율-누진공제	837,500,000원 × 42% - 35,940,000원
산출세액	315,810,000원
지방소득세 (10%)	31,581,000원 * 지방소득세: 과거 주민세의 명칭변경
총 부담할 세액	347,391,000원

[**절세 궁금증,**
싹 다 풀어드립니다!]

Q1

공부상 주택이나 실제로는 영업용 건물로 사용하는 경우에도 1세대 1주택 비과세를 적용받을 수 있을까요?

아니요. 공부상 주택이라 하더라도, 실제로 거주하지 않고 영업용 건물(점포·사무소 등)로 사용한 경우, 해당 주택은 비과세 대상 주택으로 보지 않으며, 1세대 1주택 비과세 혜택을 받을 수 없습니다.

Q2

주택의 용도를 변경한 경우, 보유기간은 어떻게 계산하나요?

주택을 한동안 주택 외 용도로 사용했다가 다시 주택으로 용도 변경한 후 양도한 경우, 보유기간은 취득일부터 양도일까지 중 '주택으로 사용한 기간'만 통산하여 계산합니다.

Q3

임의로 멸실하고 신축한 주택의 보유기간은 어떻게 계산하나요?

기존 주택을 임의로 철거하고 신축한 경우, 장기보유특별공제 적용을 위한 보유기간은 신축주택의 사용승인서 교부일로부터 계산하고 있습니다.

겸용주택 취득하여 상가 부분을 현재 임대하고 있으며, 주택 부분은 본인이 거주하고 있는 경우, 이 외의 다른 주택이 없으면 1세대 1주택 비과세를 적용받을 수 있을까요?

하나의 건물이 주택과 상가로 혼합된 겸용주택일 경우, 주택 부분의 면적이 상가보다 크다면 전체를 주택으로 간주하여 비과세를 적용받을 수 있습니다. 단, 주택과 상가 면적이 같거나, 주택 면적이 더 작은 경우에는 주택 부분에 대해서만 비과세를 적용받을 수 있습니다.

Q5

공부상 주택이나 실제로는 영업용으로 사용하는 경우에도 비과세를 적용받을 수 있을까요?

아니요. 공부상 주택이라 하더라도 실제로 거주가 아닌 영업용(점포·사무소 등)으로 사용한 경우에는 비과세 주택으로 보지 않으며, 1세대 1주택 비과세 혜택이 적용되지 않고 있습니다.

1. 부동산 매매업자

2. 주택 신축판매업자

3. 부동산 임대사업자

4. 부동산 임대소득에 대한 세금 계산 특례 총정리

5. 부동산의 종류별 부가가치세 과세, 면세 구분 실무 총정리

[절세 궁금증, 싹 다 풀어드립니다!]

10강

부동산업 세금, 한 번에 정리하기

1
부동산 매매업자

1) 부동산매매업 세금 계산 특례

대통령령으로 정하는 부동산매매업[15]을 경영하는 거주자가 주택 등 매매차익을 포함한 종합소득금액이 있는 경우, 종합소득 산출세액은 다음 아래 항목 중 큰 금액으로 결정합니다.

① 일반적인 종합소득세율을 적용하여 계산한 종합소득 산출세액
② 다음 각 목에 따른 세액의 합계액
  - 주택 등 매매차익에 양도소득세 세율을 적용하여 계산한 세액
  - 종합소득 과세표준에서 주택 등 매매차익을 제외한 나머지 종합소득세 세율을 적용하여 계산한 세액

2) 부동산 매매업자 세금계산 특례 적용대상

세액계산 특례는 부동산매매업을 경영하는 거주자 중 아래 각 호에 해당하는 자산의 매매차익이 발생한 자에게 적용됩니다. (단, 주택신축판매업을 경영하는 거주자가 판매 목적으로 신축한 주택의 매매차익에는 세액계산 특례가 적용되지 않습니다.)

---

15 대통령령으로 정하는 부동산매매업이란, 한국표준산업분류상 비주거용 건물건설업(자영건설 후 판매에 한함) 및 부동산 개발·공급업을 말하며, 주거용 건물을 구입해 재판매하는 행위는 원칙적으로 제외됩니다.

① 비사업용 토지

② 미등기양도자산

③ 조정대상지역 내 주택의 입주자로 선정된 지위

④ 2주택자 또는 3주택자가 양도하는 조정지역대상 내 주택

3) 부동산매매업자 세액계산방법

종합소득산출세액은 다음 아래 항목 중 큰 금액으로 합니다.

① 종합소득과세표준 × 기본세율

② 【(주택등매매차익[16] - 양도소득기본공제 - 장기보유특별공제) × 양도소득세율】

+ 【(종합소득과세표준 - 주택등매매차익) × 기본세율】

4) 부동산매매업자의 토지 등 매매차익 예정신고 및 납부

부동산매매업자가 토지 또는 건물(이하 '토지 등')을 매매한 경우, 매매일이 속하는 달의 말일부터 2개월 이내에 매매차익과 세액을 예정신고·납부 해야 합니다. 매매차익이 없거나 손실이 발생하더라도 반드시 신고해야 하며, 양도소득 기본공제는 적용되지 않습니다.

예정신고를 했더라도 종합소득 확정신고 의무는 별도로 존재하며, 이를 이행하지 않으면 예정신고 내용도 무신고 소득으로 간주되어 신고불성실가산세가 부과될 수 있습니다. 또한, 예정신고 시 적용한 장

---

[16] 주택등매매차익은 양도자산의 취득가액 및 필요경비입니다. 계산 방법은 '해당 주택·토지의 매매가액 - 양도자산의 필요경비'입니다.

기보유특별공제액은 확정신고 시 필요경비로 중복 산입할 수 없습니다.

2
주택 신축판매업자

주택신축판매업은 말 그대로 주택을 신축하여 판매 및 분양 하는 사업으로, 일종의 부동산 제조업이라 할 수 있습니다. 반면, 부동산매매업은 주택을 포함한 부동산을 타인으로부터 매입한 후 리모델링이나 수선 등을 통해 가치를 높인 뒤 다시 판매하는 사업으로, 일종의 부

주택신축판매업자와 부동산매매업자의 장·단점

구분	주택신축판매업자[17]	부동산매매업자[18]
업종	건설업	부동산업
미분양시 업무무관자산	5년간 제외	해당사항 없음
장·단점	- 1주택 비과세 판단시 주택수 제외 - 다주택 중과 판단시도 주택수 제외 - 신축은 원시취득이라 취득세중과 안됨	- 1주택 비과세 판단시 주택수 제외 - 중과대상 주택수 판단시에는 포함 - 부동산매매업 매매차익 비교과세제도 (max : 양도소득세, 종합소득세)

[17] 주택을 신축하여 판매 및 분양 하는 사업자로서 건설업으로 분류된다.
[18] 주택을 포함한 부동산을 타인으로부터 매입한 후 리모델링이나 수선 등을 통해 가치를 높인 뒤 다시 재판매하는 사업자로서 비교과세가 적용되는 사업소득자이다.

동산 유통업이라 볼 수 있습니다. 형식적 정의 규정에 따르면, 부가가치세법에서는 하나의 과세기간인 6개월 동안 부동산을 1회 이상 취득하고 2회 이상 판매한 경우, 이를 '부동산매매업'으로 본다고 규정하고 있습니다.

부동산의 전체적인 소득구분표

신축여부	건물유형	거래형태	구분	소득구분
신축	일반주택	일시적, 비반복적	1동 신축양도	양도소득
		계속적, 반복적	1동 신축양도	주택신축판매업
			도급 후 신축판매	주택신축판매업
			자기토지에 신축판매	주택신축판매업
			시공 중 주택판매	주택신축판매업
			일시 임대 후 판매	주택신축판매업
	겸용주택	일시적, 비반복적	주택 > 비주택	양도소득
			주택 ≤ 비주택	양도소득
		계속적, 반복적	주택 > 비주택	주택신축판매업
			주택≤비주택	주택: 주택신축판매업 (비주택면적: 10% 이하)
				비주택:부동산매매업
	비주택	일시적, 비반복적	-	양도소득
		계속적, 반복적	-	부동산매매업
비신축	-	일시적, 비반복적	-	양도소득
		계속적, 반복적	-	부동산매매업

부동산 양도 관련 소득구분

구분	양도소득	사업소득	
		주택신축판매업(건설업)	계속적(반복적)매입매매
주택	일시적(비반복)매매	계속적(반복적)신축매매	계속적(반복적)매입매매
주택 외 (상가 등)	일시적(비반복)매매	-	계속적(반복적)신축, 매입매매
토지	일시적(비반복)매매	-	계속적(반복적)개발, 매입매매

- 원칙적으로 계속적, 반복적 판단기준은 부가가치세법상 하나의 과세기간인 6개월 동안 부동산을 1회 이상 취득하고 2회 이상 판매한 경우를 말합니다. (예시규정에 불과합니다.)

3
부동산 임대사업자

1) 본인 거주 목적

거주자가 기존의 주택을 철거하고, 1세대는 본인이 거주할 목적으로, 나머지 세대는 분양할 목적으로 다세대주택을 신축·분양한 경우, 본인이 실제로 거주하는 세대에 해당하는 가액 상당액은 당해 사업의 총수입금액에 산입하지 않습니다. 이 경우, 실제 거주 목적이 있었는지는 주택 신축의 목적, 타주택 소유 여부, 신축 후 실제 거주 여부 등을 종합적으로 고려하여 사실관계에 따라 판단하게 됩니다.

2) 폐업 시 자가공급

① 1세대 1주택 판단 시, 판매를 목적으로 신축한 다세대주택을 일시적으로 임대하다가 양도하는 경우, 당해 주택은 사업용 자산에 해당하므로 거주자의 주택으로 보지 않습니다. 그러나, 해당 주택이 당해 사업(판매업)의 폐업으로 인해 자가공급받은 주택에 해당하는 경우에는 거주자의 주택으로 간주합니다.

② 주택신축판매업자 또는 부동산매매업자의 판매용 재고주택은 원칙적으로 주거용 주택으로 보지 않지만, 자가공급하거나 폐업 시의 재고자산 등으로 거주 또는 보유하게 된 주택은 주거용 주택으로 보아 '1세대 1주택' 해당 여부를 판단합니다.

3) 폐업 시 미분양주택

① 주택신축판매업을 영위하던 사업자가 폐업할 때, 판매되지 않은 재고자산(주택)은 폐업일이 속하는 연도의 총수입금액에 포함하지 않고, 해당 주택을 처분한 연도의 총수입금액에 산입하여 사업소득으로 과세합니다. 또한, 사업자가 폐업 시 미분양된 주택을 가사용으로 소비하거나, '임대목적'으로 사용한 후 당해 주택을 양도하는 경우에는 양도소득세가 과세됩니다. 다만, 본인의 경우가 이에 해당하는지 여부는 사실관계를 바탕으로 판단해야 합니다.

② 주택신축판매업을 영위하던 사업자가 폐업 시 판매되지 않은 재고자산(주택)을 가사용으로 소비하는 경우, 소비 시점의 가액 상당액을 사업소득의 총수입금액에 산입합니다. 또한, '재고자산(주택)을 임대목적(단, 판매되지 않아 일시적으로 임대하는 경우는 제외)'으로 사용한 후 당해 주택을 양도하는 경우, 그 부동산 매매의 규모, 거래 횟수, 반복성 등 거래에 관한 제반 사실을 종합적으로 고려하여, 사업성 여부에 따라 '사업소득' 또는 '양도소득'으로 과세하게 됩니다.

4) 임대주택

① 1세대 1주택 비과세 여부를 판단할 때, 부동산매매업자 및 주택신축판매업자의 판매용 재고주택(단, 미분양 상태에서 해당 사업을 폐업한 후 보유중인 주택은 제외)은 소유주택으로 보지 않습니다. 그러나, 임대주택(단, 판매되지 않아 일시적으로 임대하는 경우는 제외)은 소유주택으로 간주합니다. 본인의 경우가 다세대주택이 판매용 재고주택인지 임대주택인지 여부는 부동산 매매의 규모, 거래횟수, 반복성 등 거래 전반을 종합적으로 고려하여 판단합니다.

② 주택신축판매업자가 판매 목적으로 신축한 주택이라 하더라도, 일정 기간 다른 용도로 전용하여 보유한 경우, 즉, 보유 목적이 임대 등 다른 용도로 있다고 인정될 경우, 이를 '재고자산'으로 분류하여 양도소득세 과세 대상에서 제외하는 것은 불가능하다는 것이 원칙입니다.

4
부동산 임대소득에 대한
세금 계산 특례 총정리

1) 과세 대상 임대소득

다음과 같은 자산의 대여로 인해 발생하는 소득은 임대소득으로 과세 대상이 됩니다.

① 부동산 또는 부동산상의 권리를 대여하여 발생하는 소득
② 공장재단 또는 광업재단을 대여하여 발생하는 소득
③ 광업권자·조광권자 또는 덕대(광산에서 한 구덩이의 작업을 감독하는 책임자)가 채굴에 관한 권리를 대여하여 발생하는 소득

2) 비과세 부동산 임대소득

① 논과 밭을 작물 생산에 이용하게 함으로써 발생하는 소득
  임대한 논과 밭에서 농업소득세가 과세 대상 작물을 생산하는 경우, 해당 토지의 임대소득은 소득세가 비과세됩니다.

② 주택 임대소득
  주택의 규모, 보유 수, 소재 지역에 따라 비과세 여부를 판단합니다.

3) 부동산 임대소득의 계산

부동산 임대소득금액은 당해 연도의 총수입금액에서 그에 소요된 필요경비를 공제한 금액으로 산정합니다.

> 부동산 임대소득 = 연간 총 수입금액[19] - 필요경비[20]

4) 상가임대와 소득세

① 과세 대상 소득

상가 임대소득에는 월세뿐만 아니라 보증금에 대한 수입에 포함됩니다. 이는 보증금에 과세하지 않을 경우, 월세만 받는 경우와의 형평성이 맞지 않기 때문입니다. 이러한 점을 고려하여 세법에서는 보증금액에 대해서도 국세청장이 고시하는 이자율(2025년 3.5% → 3.1%)을 적용해 임대수입이 발생한 것으로 간주하고, 이에 대해 소득세와 부가가치세를 과세하도록 규정하고 있습니다. 이를 '간주임대료'라고 합니다.

② 과세방법

부동산 임대소득은 자산소득에 해당하므로 종합소득 과세 대상입니다. 다음 해 5월 31일까지 다른 소득과 합산하여 신고 및 납부를 해야합니다. 이때 소득세 계산 시에는 간주임대료를 산정할 때, 임대보

---

[19] **총 수입금액** : 부동산 등의 대여로 인하여 연간 수입하였거나 수입할 금액의 합계로서 임대료, 간주임대료, 관리비수입 등
[20] **필요경비** : 총수입금액을 얻기 위해 필요로 하는 경비를 말한다.

중금에서 건설비 상당액을 차감하여 계산하는데, 이는 부가가치세 신고 방식과의 차이점입니다.

5) 주택임대와 소득세

① 과세 대상소득

다음에 해당하는 경우에는 주택임대소득에 대해 소득세가 과세됩니다.

- 2채 이상의 주택을 보유한 자가 주택을 임대한 경우
- 고가주택(기준시가 12억 원 초과 주택)을 임대한 경우

② 주택수의 계산

주택수는 아래와 같은 기준에 따라 계산됩니다.

- 다가구주택은 1채로 보되, 구분 등기된 경우 각각을 1채로 계산
- 공동소유의 주택은 지분이 가장 큰 자의 소유로 보되, 지분이 가장 큰 자가 2인 이상인 경우에는 각각 소유로 계산
- 본인과 배우자가 각각 주택을 소유한 경우, 이를 합산하여 계산

③ 과세 방법

- 월세를 받는 경우: 월세의 연간합계액을 총수입금액으로 하여 소득세를 과세합니다.
- 전세금 또는 보증금을 받는 경우: 원칙적으로는 소득세가 과세되지 않지만, 2011년 이후부터는 3주택 이상 보유자 중, 개인별

전세보증금 합계액이 3억 원을 초과하는 경우, 전세보증금에 대해서도 소득세가 과세됩니다.

> **2025년 양도소득세 개정세법 특이사항 ⑥**
>
> **2026.1.1. 시행예정 개정세법**
> 기준시가 12억을 초과하는 고가주택을 2주택 이상 보유하는 자의 전세보증금 합계액이 12억을 초과하는 경우, 전세보증금에 대한 간주임대료가 2026.1.1. 이후 발생하는 소득분부터 소득세로 과세됩니다.
>
> **간주임대료 계산예시**
> [(전세보증금 합계액-3억 원) × 적수] × 60% × 1/365 × 정기예금이자율 (현재 3.1%) - 해당 과세기간의 해당 임대사업부분에서 발생한 수입이자와 할인료 및 배당금의 합계액

④ 분리과세 신고방법

i. 세금 계산 방식은 두 가지 중 선택 가능

주택임대소득이 있는 사람은 아래 중 하나를 선택해 세금을 계산할 수 있습니다.

- 종합과세 방식: 다른 소득과 합산하여 누진세율 적용
- 분리과세 방식: 주택임대소득에 단일세율 14% 적용, 그 외 다른 소득은 종합과세로 계산

ii. 분리과세 시 과세표준 계산 방법

- 일반적인 경우에는 총수입금액의 50%를 필요경비로 공제하며, 다른 종합소득이 2천만 원 이하인 경우 추가로 200만 원의 소득공제가 가능합니다.

- 임대사업자 등록자(구청과 세무서 모두 등록)는 총수입금액의 60%를 필요경비로 공제하며, 다른 종합소득이 2천만 원 이하라면 400만 원까지 소득공제를 받을 수 있습니다.

5
부동산의 종류별 부가가치세 과세, 면세 구분 실무 총정리

1) 부동산의 양도 및 임대 시 부가가치세의 과세여부

'토지매도'의 경우는 원칙은 면세이며, '토지임대'의 경우 원칙은 과세이나 주택부수토지의 임대는 면세를 해주고 있다.

부동산의 부가가치세 과세구분

부동산의 공급(sell)		부동산의 임대(rent)	
토지의 공급	면세	토지의 임대	과세
		예외, 주택부속토지의 임대	면세
건물 등의 공급	과세	건물 등의 임대	과세
예외, 국민주택공급	면세	예외, 주택의 임대	면세

- **과세**: 부가가치세 10%, 종합소득세 과세
- **면세**: 부가가치세 면제, 종합소득세 과세

위와 같이 주택임대의 경우에는 부가가치세 면세 대상으로 과세 되지 않지만, 주택 외의 토지나 건물 등 일반 수익성 부동산에 해당하는 경우에는 부가가치세가 과세 됩니다. 이러한 과세 대상 부동산을 임대하는 경우에는 임대사업자등록을 반드시 해야 하며, 아래와 같은 과세기간별로 부가가치세를 신고·납부해야 합니다.

과세기간		기간	납부기한	일반과세자	
				법인사업자	개인사업자
제1기	예정신고	1.1 ~ 3.31	4.25	예정신고	예정고지
	확정신고	4.1 ~ 6.30	7.25	확정신고	확정신고
제2기	예정신고	7.1 ~ 9.30	10.25	예정신고	예정고지
	확정신고	10.1 ~ 12.31	익월 1.25	확정신고	확정신고

- **예정신고** : 납세자가 스스로 신고납부할 의무부담
- **예정고지** : 과세당국이 직권으로 세금을 고지할 의무부담

다만, 간이과세자는 일반과세자와 달리 1년을 과세기간으로 적용되며, 연 1회(매년 1월 25일) 신고·납부 하면 됩니다. 또한 연매출(연환산)이 4,800만 원 미만인 경우에는 부가가치세 신고 및 납부의무 자체가 면제됩니다.

2) 오피스텔 임대 용도에 따른 세법 적용

오피스텔은 공부상으로는 업무시설이지만, 세법상에서는 실제 임대 용도에 따라 업무시설인지 주택인지를 판단하여 관련 세법을 적용해야 합니다.

오피스텔 임대 용도에 따른 세법 적용

구분	업무용(office)	주거용(home)
공부상	업무용	
세법상	업무시설	주택
부가가치세 과세여부	과세	면세
부가가치세 환급여부	가능(일반과세자에 한함)	불가
소득세과세 대상소득	월 임대료 + 간주임대료	월 임대료 + @
양도소득세 주택수 포함	제외 가능	포함
1세대 1주택 비과세 여부	불가	가능
지방세 감면여부	불가	가능(최초 분양 시)

• @: 3주택 이상이고 보증금 합계 3억 원 초과인 경우 간주임대료 과세

3) 상가와 주택 임대의 부가가치세 및 소득세 신고 시기와 과세 방법

임대용 부동산의 기본 과세 원칙은 상가는 부가가치세 과세, 주택은 면세입니다. 이에 따라 사업자등록도 과세 유형에 맞게 구분하여 신청해야 하며, 각 소득에 대한 소득세 및 부가가치세 신고도 규정된 시기에 맞춰 진행합니다.

상가와 주택 임대의 부가가치세 및 소득세 신고 시기와 과세 방법

구분	상가(office) 임대		주택(home) 임대
사업자 유형	부가가치세 과세사업자		부가가치세 면세사업자
	일반과세자	간이과세자	
신고·납부	부가가치세 신고·납부 (1월 25일 / 7월 25일)	부가가치세 신고·납부 (1월 25일)	개인면세사업장 현황신고 (2월 10일)
	종합소득세 신고·납부 (5월 1일 ~ 5월 31일)		
과세 대상	월 임대료 + 간주임대료(보증금의 3.1%)		월 임대료 + 간주임대료 (일정 요건의 주택전세보증금 × 3.1%)
매입세금 계산서 공제여부	전액 공제	부분 공제	불공제
발행 영수증	세금계산서	영수증	계산서 또는 영수증

- 주택 전세보증금에 대한 간주임대료 과세는 3주택 이상 보유자 중, 전세보증금 합계 3억 원을 초과하는 경우에 한해 해당합니다.
- 개정사항: 2026년 1월 1일부터 시행예정으로 고가주택(기준시가 12억 원 초과) 2주택자의 전세보증금 합계액이 12억 원을 초과하는 경우 전세보증금에 대한 간주임대료가 2026년 1월 1일 이후부터 과세됩니다.

절세 궁금증, 싹 다 풀어드립니다!

사업용 재고자산인 주택은 중과세 판단 시 주택수 계산에 포함되나요?

부동산매매업자가 보유한 재고자산인 주택은 주택수 계산에 포함됩니다. 반면, 주택신축판매업자(건설업에 해당)의 재고자산인 주택은 주택수에 포함되지 않습니다.

다가구주택은 중과세 판단 시 주택수를 어떻게 계산하나요?

건축법 시행령 별표 1 제1호 다목[21]에 해당하는 다가구주택은 각 가구가 독립적으로 거주할 수 있는 구획마다 1주택으로 간주합니다. 단, 다가구주택을 가구별로 분양하지 않고 전체를 하나의 단위로 취득한 경우(본인이 건설한 신축 포함), 거주자가 원하면 이를 단독주택으로 간주할 수 있습니다.

---

[21] 건축법 시행령 별표 1 제1호 다목에 해당하는 다가구주택
- 다음 3가지 요건을 모두 갖춘 주택으로서 공동주택에 해당하지 않는 것을 말한다
  ① 주택으로 쓰는 층수가 3개 층 이하일 것(지하층은 제외). 다만, 1층 전부 또는 일부를 필로티 구조로 하여 주차장으로 사용하고, 나머지 부분을 주택 외 용도로 사용하는 경우에는 해당 층을 주택 층수에서 제외
  ② 1개 동의 주택으로 쓰이는 바닥면적의 합계가 660㎡ 이하일 것
  ③ 대지 내 각 동별 세대수를 합한 세대수가 19세대 이하가 거주할 수 있을 것

Q3

신축주택 취득자에 대한 세액감면(조세특례제한법 제99조의2) 요건을 충족하면 감면율은 어떻게 되나요?

해당 주택을 취득한 날로부터 5년 이내에 양도한 경우, 양도소득세 전액(100%)이 감면됩니다. 또한, 5년 초과 보유 후 양도한 경우에는, 취득일부터 5년간 발생한 양도소득금액은 해당 주택의 양도소득세 과세 대상 소득금액에서 공제합니다. 단, 감면받은 세액의 20%는 농어촌특별세로 납부해야 합니다.

Q4

조세특례제한법 제99조의2에 따라 신축주택을 취득하여 보유할 경우, 보유 주택수에 포함될까요?

해당 조항의 요건을 충족하는 신축주택은 다른 주택의 1세대 1주택 비과세 적용시 해당 신축주택 등은 거주자의 소유주택으로 보지 않습니다. 단, 감면대상 주택임을 확인받고 납세지 관할 세무서장에게 관련 서류를 제출한 경우에만 적용됩니다.

에필로그

　책을 쓰기 시작하면서 어떻게 하면 부동산 절세에 관심 있는 분들이 어렵게 느껴지는 세법, 특히 양도소득세를 조금이라도 쉽게 이해하고 따라 할 수 있을지를 고민하였습니다. 이 책은 부동산 투자로 수익을 극대화하려는 분들에게 유용한 실전 가이드로, 절세 실무의 핵심을 담아 초보자부터 경험자까지 모두에게 도움이 되도록 구성했습니다.

　《알수록 돈 버는 부동산 세금 바이블》은 부동산 절세의 기초 지식은 물론, 실제 상황에서 활용할 수 있는 다양한 전략도 함께 소개하며, 부동산 수익을 극대화하고 싶은 투자자, 절세에 관심 있는 모든 분들을 위한 이론과 실무가 결합된 책입니다. 무작정 따라 하는 것이 아니라, 전문가와 함께 체계적으로 배우며 실전에서 활용할 수 있는 지식을 쌓아가시기 바랍니다.

　이 책이 부동산 절세에 관심을 갖고 실전에 도전하고자 하는 많은 분들께, 그 갈증을 해소해줄 '마중물' 같은 역할을 하길 바랍니다. 가정

주부도, 직장인도 누구나 쉽게 따라 할 수 있도록 '실전 부동산 절세'에 중점을 두고 만들었습니다. 이 책을 통해 전해드린 노하우는 결국 독자 여러분이 직접 실행에 옮길 때 비로소 가치가 생깁니다. 실무 현장에서 자주 마주하는 다양한 주제를 체계적으로 배울 수 있도록 구성하였으니, 직접 활용해보시며 절세 감각을 자연스럽게 익히시길 바랍니다. 여러분의 부동산 절세 성공을 진심으로 응원합니다.

끝으로, 지난 5년간 부동산 유튜브 방송을 함께 만들어 주었고, 사무실에서 묵묵히 백업을 해주며 자료 정리에 큰 힘이 되어준 동료들, 그리고 앞으로도 늘 함께할 싹풀TV 부동산 절세연구소의 구성원들께 이 자리를 빌려 진심 어린 감사의 마음을 전하며, 그들의 이름을 이 책에 남깁니다.

싹풀절세연구소 세무팀		싹풀절세연구소 지원팀	
세무 1팀	세무 2팀	법무팀	노무팀
이승희 세무사 김원준 세무사 오혜숙 세무사 한귀전 세무사	주환용 세무사 김은희 세무사 윤상수 세무사 방지원 세무사	정경표 법무사 이은정 법무사 장익순 법무사 원옥주 법무사	박삼용 노무사 김문선 노무사 정봉수 노무사 안지현 노무사
		감정평가팀	법률팀
		김우영 감정평가사 서형원 감정평가사 박준식 감정평가사	김대원 변호사 박현길 변호사 안원용 변호사

2025년 여름 강남 사무실에서
이승희 세무사 드림

알수록 돈 버는 부동산 세금 바이블
20년 경력 부동산 전문 세무사의 절세 기술

초판 발행 2025년 9월 5일
펴낸곳 현익미디어
발행인 현호영
지은이 이승희
지 원 김원준
편 집 김서영
디자인 김윤남
주 소 서울특별시 마포구 월드컵북로58길 10, 더팬빌딩 9층
팩 스 070.8224.4322

ISBN 979-11-94793-16-8 (03320)

- 출판사의 허가 없이 본 도서를 편집 또는 재구성할 수 없습니다.
- 잘못 만든 책은 구입하신 서점에서 바꿔 드립니다.

> 현익미디어는 골드스미스 출판그룹의 전문직 도서 전문 브랜드입니다.
> 좋은 아이디어와 제안이 있으시면 출판을 통해 가치를 나누시길 바랍니다.
> hyunik@doowonart.com